CB120583

José Dumont

Do Cordel às Telas de Cinema

GOVERNO DO ESTADO DE
SÃO PAULO
RESPEITO POR VOCÊ

Governador	Geraldo Alckmin
Secretário Chefe da Casa Civil	Arnaldo Madeira

imprensaoficial

Imprensa Oficial do Estado de São Paulo

Diretor-presidente	Hubert Alquéres
Diretor Vice-presidente	Luiz Carlos Frigerio
Diretor Industrial	Teiji Tomioka
Diretora Financeira e Administrativa	Nodette Mameri Peano
Chefe de Gabinete	Emerson Bento Pereira
Núcleo de Projetos Institucionais	Vera Lucia Wey

CULTURA
Fundação Padre Anchieta

Fundação Padre Anchieta

Presidente	Marcos Mendonça
Projetos Especiais	Adélia Lombardi
Diretor de Programação	Rita Okamura

Coleção Aplauso Perfil

Coordenador Geral	Rubens Ewald Filho
Coordenador Operacional e Pesquisa Iconográfica	Marcelo Pestana
Projeto Gráfico e Editoração	Carlos Cirne
Assistente Operacional	Andressa Veronesi
Revisão Ortográfica	Oswaldo de Camargo
Tratamento de Imagens	Anderson de Lima

José Dumont

Do Cordel às Telas de Cinema

por Klecius Henrique

CULTURA
Fundação Padre Anchieta

imprensaoficial

São Paulo - 2005

© imprensaoficial 2005

Dados Internacionais de Catalogação na Publicação elaborado pela Biblioteca da Imprensa Oficial do Estado de São Paulo

Henrique, Klecius
José Dumont : do cordel às telas de cinema / Klecius Henrique. – São Paulo : Imprensa Oficial do Estado de São Paulo : Cultura – Fundação Padre Anchieta, 2005.
368p.: il. – (Coleção aplauso. Série Perfil / coordenador geral Rubens Ewald Filho).

ISBN 85-7060-233-2 (Obra completa) (Imprensa Oficial)
ISBN 85-7060-372-X (Imprensa Oficial)

1. Atores e atrizes cinematográficos – Brasil 2. Cinema – Brasil 3. Dumont, José – Biografia I. Ewald Filho, Rubens. II. Título. III. Série.

CDD – 791.092

Índices para catálogo sistemático:

1. Atores brasileiros : Biografia : Representações públicas : Artes 791.092

Foi feito o depósito legal na Biblioteca Nacional (Lei n° 1.825, de 20/12/1907).
Direitos reservados e protegidos pela lei 6910/98

Imprensa Oficial do Estado de São Paulo

Rua da Mooca, 1921 - Mooca
03103-902 - São Paulo - SP - Brasil
Tel.: (0xx11) 6099-9800
Fax: (0xx11) 6099-9674
www.imprensaoficial.com.br
e-mail: livros@imprensaoficial.com.br
SAC 0800-123401

Apresentação

"O que lembro, tenho."
Guimarães Rosa

A *Coleção Aplauso*, concebida pela Imprensa Oficial, tem como atributo principal reabilitar e resgatar a memória da cultura nacional, biografando atores, atrizes e diretores que compõem a cena brasileira nas áreas do cinema, do teatro e da televisão.

Essa importante historiografia cênica e audiovisual brasileiras vem sendo reconstituída de maneira singular. O coordenador de nossa coleção, o crítico Rubens Ewald Filho, selecionou, criteriosamente, um conjunto de jornalistas especializados para realizar esse trabalho de aproximação junto a nossos biografados. Em entrevistas e encontros sucessivos foi-se estreitando o contato com todos. Preciosos arquivos de documentos e imagens foram abertos e, na maioria dos casos, deu-se a conhecer o universo que compõem seus cotidianos.

A decisão em trazer o relato de cada um para a primeira pessoa permitiu manter o aspecto de tradição oral dos fatos, fazendo com que a memória e toda a sua conotação idiossincrásica aflorasse de maneira coloquial, como se o biografado estivesse falando diretamente ao leitor.

Gostaria de ressaltar, no entanto, um fator importante na *Coleção*, pois os resultados obtidos ultrapassam simples registros biográficos, revelando ao leitor facetas que caracterizam também o artista e seu ofício. Tantas vezes o biógrafo e o biografado foram tomados desse envolvimento, cúmplices dessa simbiose, que essas condições dotaram os livros de novos instrumentos. Assim, ambos se colocaram em sendas onde a reflexão se estendeu sobre a formação intelectual e ideológica do artista e, supostamente, continuada naquilo que caracterizava o meio, o ambiente e a história brasileira naquele contexto e momento. Muitos discutiram o importante papel que tiveram os livros e a leitura em sua vida. Deixaram transparecer a firmeza do pensamento crítico, denunciaram preconceitos seculares que atrasaram e continuam atrasando o nosso país, mostraram o que representou a formação de cada biografado e sua atuação em ofícios de linguagens diferenciadas como o teatro, o cinema e a televisão – e o que cada um desses veículos lhes exigiu ou lhes deu. Foram analisadas as distintas linguagens desses ofícios.

Cada obra extrapola, portanto, os simples relatos biográficos, explorando o universo íntimo e psicológico do artista, revelando sua autodeterminação e quase nunca a casualidade em ter se tornado artista, seus princípios, a formação de sua personalidade, a *persona* e a complexidade de seus personagens.

São livros que irão atrair o grande público, mas que – certamente – interessarão igualmente aos nossos estudantes, pois na *Coleção Aplauso* foi discutido o intrincado processo de criação que envolve as linguagens do teatro e do cinema. Foram desenvolvidos temas como a construção dos personagens interpretados, bem como a análise, a história, a importância e a atualidade de alguns dos personagens vividos pelos biografados. Foram examinados o relacionamento dos artistas com seus pares e diretores, os processos e as possibilidades de correção de erros no exercício do teatro e do cinema, a diferenciação fundamental desses dois veículos e a expressão de suas linguagens.

A amplitude desses recursos de recuperação da memória por meio dos títulos da *Coleção Aplauso,* aliada à possibilidade de discussão de instrumentos profissionais, fez com que a Imprensa Oficial passasse a distribuir em todas as bibliotecas importantes do País, bem como em bibliotecas especializadas, esses livros, de gratificante aceitação.

Gostaria de ressaltar seu adequado projeto gráfico, em formato de bolso, documentado com iconografia farta e registro cronológico completo para cada biografado, em cada setor de sua atuação.

A *Coleção Aplauso,* que tende a ultrapassar os cem títulos, se afirma progressivamente, e espera contemplar o público de língua portuguesa com o espectro mais completo possível dos artistas, atores e diretores, que escreveram a rica e diversificada história do cinema, do teatro e da televisão em nosso país, mesmo sujeitos a percalços de naturezas várias, mas com seus protagonistas sempre reagindo com criatividade, mesmo nos anos mais obscuros pelos quais passamos.

Além dos perfis biográficos, que são a marca da *Coleção Aplauso,* ela inclui ainda outras séries : *Projetos Especiais,* com formatos e características distintos, em que já foram publicadas excepcionais pesquisas iconográficas, que se originaram de teses universitárias ou de arquivos documentais pré-existentes que sugeriram sua edição em outro formato.

Temos a série constituída de roteiros cinematográficos, denominada *Cinema Brasil,* que publicou o roteiro histórico de *O Caçador de Diamantes,* de Vittorio Capellaro, de 1933, considerado o primeiro roteiro completo escrito no Brasil com a intenção de ser efetivamente filmado. Paralelamente, roteiros mais recentes, como o clássico *O Caso dos Irmãos Naves,* de Luís Sérgio Person, *Dois Córregos,* de Carlos Reichenbach, *Narradores de Javé,* de Eliane Caffé, e *Como Fazer um Filme de Amor,* de José Roberto Torero, que deverão se tornar bibliografia básica obrigatória para as escolas de cinema, ao mesmo tempo em que documentam essa importante produção da cinematografia nacional.

Gostaria de destacar a obra *Gloria in Excelsior,* da série *TV Brasil,* sobre a ascensão, o apogeu e a queda da TV Excelsior, que inovou os procedimentos e formas de se fazer televisão no Brasil. Muitos leitores se surpreenderão ao descobrirem que vários diretores, autores e atores, que na década de 70 promoveram o crescimento da TV Globo, foram forjados nos estúdios da TV Excelsior, que sucumbiu juntamente com o Grupo Simonsen, perseguido pelo regime militar.

Se algum fator de sucesso da *Coleção Aplauso* merece ser mais destacado do que outros, é o interesse do leitor brasileiro em conhecer o percurso cultural de seu país.

De nossa parte coube reunir um bom time de jornalistas, organizar com eficácia a pesquisa documental e iconográfica, contar com a boa vontade, o entusiasmo e a generosidade de nossos artistas, diretores e roteiristas. Depois, apenas, com igual entusiasmo, colocar à disposição todas essas informações, atraentes e acessíveis, em um projeto bem cuidado. Também a nós sensibilizaram as questões sobre nossa cultura que a *Coleção Aplauso* suscita e apresenta – os sortilégios que envolvem palco, cena, coxias, *set* de filmagens, cenários, câmeras – e, com referência a esses seres especiais que ali transitam e se transmutam, é deles que todo esse material de vida e reflexão poderá ser extraído e disseminado como interesse que magnetizará o leitor.

A Imprensa Oficial se sente orgulhosa de ter criado a *Coleção Aplauso*, pois tem consciência de que nossa história cultural não pode ser negligenciada, e é a partir dela que se forja e se constrói a identidade brasileira.

Hubert Alquéres
Diretor-presidente da
Imprensa Oficial do Estado de São Paulo

Para meus pais, Otacílio (in memoriam) e Kerginalda, e para Amanda, fontes eternas de inspiração e alegria.

Klecius Henrique

Introdução

A vida de José Dumont pode ser confundida com uma obra de ficção, dada a riqueza dos acontecimentos que o tornaram um dos principais atores do cinema brasileiro nos últimos 30 anos. Por mais que a afirmação pareça exagero, não é. Ao longo desse livro, o leitor perceberá elementos que o ajudarão a chegar próximo dessa conclusão.

Filho de Severino e Maria Porpino, agricultores do sertão da Paraíba nos anos 1950, José Dumont perdeu a mãe cedo, vítima de parto de uma de suas irmãs. Viu o pai migrar para João Pessoa e foi criado pelo avô, Joaquim, de quem não herdou o sobrenome Batista.

Aos seis anos, ele descobriu a leitura sozinho, um dos primeiros momentos de "encantamento" da trajetória do ator. O menino José aprendeu a ler na feira, enquanto acompanhava o avô. Seus professores não usavam quadro nem passavam dever de casa.

Tinham como instrumentos a voz, a viola e os livretos de cordel.

"Eu ficava observando, ouvindo o cordel e comparava. Se o cara falava 'batata' associava a imagem ao que estava sendo dito. Fui soletrando e descobrindo que o que ele dizia correspondia ao que estava escrito aqui. Na verdade, qualquer pessoa aprende assim. Se souber o alfabeto, é só ir colocando as letras", ensina o ator.

Seis meses depois desse convívio com os repentistas e com a literatura de cordel, José Dumont lia fluentemente. Tornou-se leitor de trechos de novenas e do *Novo Testamento* para o avô e amigos. *Foi o meu primeiro palco,* recorda. O pessoal descia até o pé da serra, onde morava Seu Joaquim Batista, conhecido como Joaquim do Monte.

Foi essa localização no mapa de Belém do Caiçara que deu a José, ao seu pai, Severino, e aos irmãos o sobrenome francês. Ao se apresentar no Exército, Seu Severino disse que se chamava Severino do Monte, do mesmo jeito que um personagem da literatura de Guimarães Rosa era apresentado ao leitor.

O tenente, achando que Severino estava falando errado, sapecou um Dumont nos documentos. E assim ficou até hoje. Severino Dumont. José Dumont. Neusa Dumont. E todos os Dumont, herdeiros de Seu Joaquim Batista. *"O Brasil não era subamericano ainda. Então, o tenente escreveu o nome de papai com a grafia francesa. E ficamos com esse nome chique que, na verdade, é roseano"*, conta José Dumont.

Ele teve infância pobre, dividida entre uma passagem rápida por João Pessoa, onde não se adaptou à vida com a madrasta, e os dias no interior, ao lado do avô, com quem conheceu a enxada, os bichos da caatinga e, sobretudo, a rígida educação sertaneja, calcada nos mais profundos dogmas da Igreja Católica e da vida no interior.

Adolescente, José Dumont foi tentar vida nova em João Pessoa. Estudou até a sétima série, serviu o

Exército, tentou engajar e, por fim, matriculou-se no curso de embarcadiço da Marinha Mercante. Sonhava conhecer o mundo nos navios. Desejo que o levou a São Paulo de olho no Porto de Santos. Nunca embarcou. Virou operário e, na maior cidade do País, fez de tudo um pouco para se virar, como já fazia em João Pessoa.

São poucos os atores que tiveram o privilégio de trabalhar com tantos diretores de renome. De 1977 para cá, Dumont filmou com Nelson Pereira dos Santos, Arnaldo Jabor, Zelito Vianna, Sérgio Rezende, Bruno Barreto, Roberto Farias, Daniel Filho, Eliane Caffé, Walter Salles, entre outros. *"Só não trabalhei ainda com Cacá Diegues"*, diz. Apaixonado pela obra do diretor de *Bye Bye, Brasil,* Dumont aguarda a hora em que Diegues o escalará.

Escrever sobre José Dumont é relembrar, em seus 54 anos, um pouco do dia-a-dia de muitos brasileiros que batalham para sobreviver numa nação em que a desigualdade social não é assunto apenas dos livros, é parte da vida do País. Falar de

José Dumont é falar de um intérprete que fez de tudo para mergulhar na alma do homem do Brasil, é perpassar a História (com H maiúsculo) do cinema brasileiro e descobrir um ator com conhecimento que vai muito além de sua arte.

Em 30 horas de entrevistas em seu apartamento no bairro do Catete, no Rio de Janeiro, perto do Museu da República (antigo Palácio do Catete, onde Getúlio Vargas se matou), Dumont relembrou passagens da carreira e demonstrou domínio de áreas tão diversas quanto Física, Direito e História, que o ajudam no modo particular com que se prepara para representar.

"O cinema me dava espaço para experimentar de forma direta, mas não me deu escola, uma escola específica. Os diretores trabalhavam de forma muito diferente. Isso foi bom para mim, porque eu comecei a criar a minha própria escola, vindo desse lastro emocional extenso da própria vida e coisas que eu sentia necessidade de pegar do exterior", explica o ator.

Meu primeiro contato com Dumont foi nos anos 90. À época, escrevia matéria para o *Correio Braziliense* sobre o filme *Milagre em Juazeiro*, de Wolney Oliveira. Tímido, liguei para Dumont com um certo receio. Não sabia como ele reagiria a um pedido de entrevista de um repórter que atuava em um jornal regional, fora do eixo Rio-São Paulo. Ele, logo nas primeiras palavras, quebrou o gelo. Falou por mais de uma hora e me deu uma aula sobre Padre Cícero, a beata Maria de Araújo e até sobre o Ceará. Na minissérie *Padre Cícero* (TV Globo), cujo papel-título foi entregue a Stênio Garcia, Dumont viveu o governador cearense.

Depois daquele dia, passei a conversar com Dumont sempre que ele fazia um novo filme. Fui a Manaus cobrir o Festival Internacional de Ópera, no Teatro Amazonas. Ao desembarcar na capital amazonense, encontro Dumont no aeroporto. *"Está passeando ou trabalhando?"*, perguntei. *"Passeando nada, rapaz. Trabalhando como sempre"*, devolveu Dumont. Ele chegava para as filmagens de *A Selva*, do cineasta Leonel Vieira. Decidi que, além das matérias sobre as óperas, enviaria para Brasília um texto sobre o longa.

Iniciei, então, os contatos para acompanhar as filmagens. Conversei várias vezes com o produtor Óscar Cruz, que não me deixava falar com o diretor Leonel Vieira. Não tive dúvida e recorri a Dumont. Contei meu drama. O ator pediu que eu fosse ao hotel imediatamente. Na mesma hora, peguei um táxi e corri para lá. Dumont já estava na recepção me aguardando. Até o cineasta aparecer, conversamos sobre o seringueiro que ele viveria em *A Selva* e sobre outros papéis que faria depois. No intervalo, dezenas de turistas pararam a conversa para cumprimentá-lo. Quando Leonel passou pelo saguão do hotel, Dumont o parou e me apresentou a ele. *"Leonel, ele quer fazer uma matéria com a gente. E você não vai fazer uma desfeita de não atender o rapaz"*, disse.

Leonel Vieira disse que me atenderia e sumiu por uma hora. Voltou. Tentou engatar uma desculpa para não me conceder entrevista. *"Fechamos com um jornal de São Paulo e não podemos falar com o senhor. Lamento"*, explicou, seco. Insisti, dizendo que trabalhava em Brasília e, portanto, não era concorrente do colega paulista. *"É Leonel, Brasília não é São Paulo. Pode falar"*, reforçou Dumont. O cineasta cedeu e, no dia seguinte, eu acompanhava o primeiro dia de *A Selva.* Naquela noite, perdi um dia do Festival de Ópera. E vi que Dumont não era apenas uma fonte. Era um amigo. Nas filmagens, agradeci a ajuda e Dumont me disse que faria tudo de novo *"em nome do cinema brasileiro"*.

Retomei o contato com José Dumont em 2003, quando comecei mestrado na Universidade de Brasília (UnB). Meu objeto de estudo: o nordestino no cinema brasileiro a partir dos filmes e personagens de José Dumont. Sob orientação da professora e cineasta Dácia Ibiapina, a dissertação foi batizada *Uma Luz Sobre o Homem do Sertão: o Ator José Dumont e a Representação do Nordestino no Cinema Brasileiro.* Em linhas gerais, descrevo e analiso o nordestino vivido por Dumont em *Tudo Bem* (Arnaldo Jabor), *O Homem*

Que Virou Suco (João Batista de Andrade), *A Hora da Estrela* (Suzana Amaral), *Abril Despedaçado* (Walter Salles), *Narradores de Javé* (Eliane Caffé) e *Onde Anda Você* (Sérgio Rezende).

Sem saber, entrava em um universo que incomodava Dumont. Com talento incrível, tanto para papéis dramáticos quanto cômicos, o ator rejeita o rótulo de "o nordestino do cinema brasileiro". Entende que o seu físico – e a dezena de tipos do Nordeste que fez no cinema e televisão (como esquecer Severino de *Morte e Vida Severina*) colaborou para essa marca, mas se irrita quando alguém diz que ele só fez – e faz – isso.

"Quem fala que sou um paraíba *que só faz papel de* paraíba, *não sabe o que eu sei. Não sabe por onde passei, o que vivi. Ninguém sabe tudo na vida (...) Quando acabou* Morte e Vida Severina, *por mais que eu fizesse diferente, começaram a me rotular.* Ah, ele só faz isso, *diziam. Não podia parecer o cara do Sul, esteticamente. Meu biotipo não era aquele. Nos dois papéis de* O Homem Que Virou Suco *já estava*

claro que podia fazer muito mais que nordestinos", rebate Dumont.

Os filmes que escolhi na pesquisa deixam claro que o nordestino de Dumont tem múltiplas faces. Vai além de *"o sertanejo é, antes de tudo, um forte"*, cravado na obra-prima *Os Sertões,* de Euclides da Cunha, e repetido à exaustão em qualquer citação ao povo do sertão. Os nordestinos de Dumont carregam a poesia do cordelista Deraldo, de *O Homem Que Virou Suco,* o anacronismo do patriarca de *Abril Despedaçado,* a leveza de Antônio Biá em *Narradores de Javé,* o machismo de Olímpico Moreira Chaves, de *A Hora da Estrela*, e os estereótipos do radialista Jajá, de *Onde Anda Você.* Em suas particularidades, poderiam estar em qualquer lugar. Dumont procurou criar tipos universais. Para ele, mais que nordestinos, mineiros, policiais, pais, bandidos, malandros, seus personagens são cidadãos do Brasil e do mundo.

Nas filmagens do curta *O Último Raio de Sol* (de Bruno Torres) em Brasília, acompanhei novamente Dumont no *set*. Percebi que ele tratava os atores mais jovens da mesma forma que os veteranos com quem cruzou no caminho – Paulo Gracindo, Jofre Soares, Fernanda Montenegro – o tratavam. Dumont é grato a esses mestres do nosso cinema. Nunca esqueceu, por exemplo, que Paulo Gracindo dizia a todos, nos bastidores de *Tudo Bem,* que ele, Dumont, no início da carreira, *"era um grande ator"*.

"Paulo chegou para mim e disse que Seu Piauí foi muito bom para mim. Significava que eu representava de fato. Ele dava dicas. Seu Piauí, se o senhor falar essa palavra nesse tom aqui, fica melhor. *Quando ele foi assistir ao copião e viu uma cena minha, ele disse:* Esse menino vai ser um dos maiores atores do Brasil. *Ele falou para todo mundo. Isso me deu um estímulo danado. Era o elogio de um ídolo",* recorda. O mestre-ídolo, portanto, fez escola.

Para finalizar, não posso deixar de agradecer aos jornalistas Maria do Rosário Caetano, Rogério Menezes, Amanda Wanderley e Tino Freitas pelo apoio na realização desta biografia-depoimento. Eterna gratidão também a José Dumont pela paciência nas entrevistas no Rio de Janeiro e nas dezenas de telefonemas do início do mestrado até a conclusão deste volume da *Coleção Aplauso*.

Com vocês, José Dumont, o ator que saiu dos cordéis para as telas de cinema.

Klecius Henrique

Para meus pais, Severino (in memoriam) e Maria Porpino Dumont (in memoriam), minha irmã, Neusa Dumont, toda minha família, e para essa onda luminosa, mestiça, alegre e criativa que é o povo brasileiro.

José Dumont

Capítulo I

O Sertanejo de Nome Francês

Tenho muito do Brasil em mim. A começar pelo nome. Sou chamado de José Dumont, por exemplo, porque meu pai é nordestino. Por ter nascido na Paraíba em 1917, ele seria Severino ou José. Meu avô preferiu batizá-lo Severino. E eu fiquei com o nome de santo, José, dentro dessa estrutura portuguesa de enquadramento teológico. O sobrenome, pela lógica, seria Batista, que vinha do nome da família do meu avô, mas ficou Dumont. Como vovô morava no pé de serra, acabei ganhando um nome roseano. De modo geral, as pessoas no sertão têm variação no nome a partir do local em que vivem. É puro Guimarães Rosa. Tem João da Caatinga, Manoel das Couves, Fulano de tal do Vale, e vai por aí. Como meu avô morava no pé de serra, ele era chamado de Joaquim do Monte. Naturalmente, meu pai, que não era registrado no papel, virou Severino do Monte. Naquela época, o Brasil ainda não era tão americanizado. Era um país pró-francês.

Não era subamericano, como prefiro falar hoje. Quando papai foi servir o Exército, um tenente do quartel de Jaboatão dos Guararapes (na região metropolitana do Recife), perguntou qual era o nome dele. *Severino do Monte*, respondeu meu pai. O tenente, arrogante, pensou que ele estava falando errado e tacou um Severino *Dumont* nos documentos. Aí ganhamos a grafia francesa. Esse nome charmoso que nada tinha a ver com nossa realidade. Herdei o Dumont. Não é nome artístico, como muitos imaginam. É meu nome mesmo.

Eu nasci em Belém do Caiçara, uma vila no interior da Paraíba, quase na fronteira com o Rio Grande do Norte. Nasci no Sítio Angico Bonito, debaixo de uma tatajuba, que os índios chamavam de árvore de fogo. É uma árvore muito dura, que serve para fazer canoas. Na verdade, *tata'yïwa.* Os índios davam conotação de assombração para essa árvore. Recentemente, voltei ao local. A árvore não existe mais. Gostaria muito que ela ainda estivesse lá. Tinha a fama de ser um lugar onde apareciam almas, no qual haveria canais de comunicação com outros mundos.

Seu pai, Severino Dumont

Sou o sétimo filho de uma família de nove. Nasci em uma terça-feira, no dia 1º de agosto de 1950, entre 20h e 21h, em noite de lua cheia. No Paralelo 5, para ser mais exato. Fui registrado em Bananeiras, também na Paraíba, mas nasci em Belém do Caiçara.

Meu pai não tinha terra, morava e trabalhava no sítio dos outros. Era um homem muito pobre, não sabia ler nem escrever, mas sempre foi muito decente e se virava como mascate, vendia um fumo aqui, um abacaxi acolá, no lombo de um burro. Minha mãe, que morreu muito cedo, se chamava Maria Porpino Dumont. Era religiosa, simples, sabia ler e era sensível. Eu herdei isso dela. Ela morreu no parto da minha nona irmã. Minha mãe era muito carinhosa. Dizem os irmãos mais velhos que ela ia onde os filhos estavam com um pratinho para dar de comer um a um, como se fôssemos um bando de pintinhos.

Capítulo II

Batizado com Roupa de Boneca

Ela tinha medo que eu morresse porque não havia qualidade social nenhuma, como não há até hoje no Nordeste, e uma das primeiras providências que tomou foi me batizar. A minha madrinha ainda tentou comprar a roupa, mas não deu tempo. Então, tiraram a roupa de uma boneca e me batizaram com ela. Naquele dia, a virilidade foi para o espaço. Não teve festa nenhuma. Morrer pagão era um crime para católicos. Os pagãos não iam para o céu.

Minha mãe teve na infância e, mais tarde, algumas posses. Quando ela casou com meu pai, houve um rompimento com a família, que não o aceitava porque era moreno. Aquelas coisas da formação clássica do Brasil. Então, ela rompeu com os pais e deixou de receber a ajuda que davam a ela.

Em 1954, meu pai foi para João Pessoa. Já estava querendo migrar mesmo, porque já não conseguia viver no sertão. Não tínhamos terra nem casa. Minha família era de agricultores, no sentido mais rudimentar. Meu pai tentou viver do pequeno comércio, vendia rapadura, peixe seco. Quando minha mãe foi ter o nono filho, ela voltou para o interior. Foi morar na casa do meu avô, um homem tão pobre quanto meu pai. A vida no interior era mais aprazível, por incrível que pareça. O cuidado humano era melhor. Ter um filho era sempre um evento maravilhoso. Mas aí veio a surpresa de ela morrer de parto. Teve minha irmã, a parteira saiu do quarto e, quando voltou dez minutos depois, mamãe, aos 33 anos, estava morrendo. Foi enterrada em uma rede. Lembro dela deitada no meio da sala. Uma tia veio e disse: *"Venha se despedir de sua mãe"*. Foram exatamente essas palavras.

Meu pai estava em João Pessoa. Minha família despencou. É a mãe que educa, que prepara. A mãe é base de tudo. A situação, que era difícil, ficou insuportável. Fomos morar em João Pessoa. Meu pai não conseguia tomar conta dos filhos. Era minha irmã mais velha, Nazaré, que cuidava da gente. Pai trabalhava na primeira fábrica de luz a lenha de João Pessoa. Depois de dois, três meses, ele me deu a meu avô, em 1955.

Chegando no interior, fui morar num sítio perto de Belém de Caiçara, com vovô. Aos cinco anos, tive as minhas primeiras imagens da vida, da minha infância, do pé de madeira nova, do galo-de-campina. A memória começava a ter alcance suficiente para registro. A minha infância foi marcada por uma solidão muito grande. Meu avô morava em um local isolado, perto de uns primos. Quem conhece o interior do País e do mundo sabe o quanto ele é anacrônico. Muito bonito, rico culturalmente, mas anacrônico.

O formato religioso não deixava que as pessoas alcançassem nível algum de transparência. Meu avô já era velho, tinha 70 anos. Tia Beatriz, com 40 e poucos anos, era virgem e municiada por emoções arcaicas, desprovidas de vida, que hoje eu sei que não me interessavam. Minha avó já estava cega. Ela não me viu. No mais, era todo aquele esplendor do sertão quando está verde.

Como diz Euclides da Cunha: *"Quando chove, o sertão é um paraíso"*. E é verdade.

O sertão era habitado por todas essas belezas, mesmo para quem não tivesse um brasão familiar. Passei a minha infância onde se passa a melhor infância: nela mesma. Se você não tem recursos materiais, você passa essa fase da vida na imaginação. Para mim, o que era bonito era essa vida florescendo a partir das imagens. Não é à toa que o Riacho Trapiá ficou tão marcado em mim. Ele era intermitente e hoje está seco.

Eu era muito só e não tinha mais afeto. Minha tia não podia me dar, porque não recebeu, portanto não retransmitia. Gostavam de mim, como os outros familiares, mas não demonstravam carinho. Como eu fui criado para não questionar, não tinha espaço sequer para falar. Brincava em cima das pedras. Imaginava o que seriam navios, bois, baleias. Para uma criança, uma chuva quando cai é espetacular. Mais ainda quando se precisa dela. Isso, mais tarde, veio gerar mananciais de imagens que me serviram de lastro na minha carreira, nos meus papéis. Em *Abril Despedaçado*, por exemplo. O filme de Walter Salles tem muito a ver comigo, sobretudo aquela carga sofrida, com a qual eu rompi ao longo da vida.

Eu vivi separado dos meus irmãos. Eles ficaram em João Pessoa quando voltei para o interior. Meu pai "acasalou-se" de novo, depois da morte de minha mãe. Normal, porque o corpo humano desconhece as regras sociais. Aos seis anos, meu avô me colocou para trabalhar. Não era desejo único dele. Era do próprio sistema. Você é uma peça de reposição. A condição de escravo livre me foi colocada desde cedo. Tinha que ser isso. Por isso, procurei ser meu próprio Moisés e busquei minha linha de crescimento.

Capítulo III

Os Repentistas, o Cordel e a Leitura

Meu avô me levava muito para a feira. Eu não tinha muito com quem brincar, mas tinha esse círculo sozinho: a mangueira, o pé de caju, a raposa, o peba (tatu), o gavião, a cobra, o sol e a lua. Neste sentido, éramos ricos, porque o sertão está bem mais pobre hoje. Antigamente, pelo menos você sobrevivia da caça. Vovô era tão pobre que nem espingarda tinha. Para você ter uma idéia, a casa em que eu nasci era tão pequena, segundo meus irmãos mais velhos, que ela não tinha porta de verdade. Era uma casa de taipa. A porta era de palha. De noite, você colocava lá. De dia, tirava. Era paupérrima.

Aos seis anos, meu avô passou a me levar para a feira como companhia. Aí conheci esse mundo fantástico. Na feira, tive contato com a primeira forma de teatro, que era o cordel, aquela narração clássica em que o repentista canta ou fala com aquele microfone e amplificador.

Aquilo era extremamente poético e forte para quem está ouvindo. Foi o meu primeiro encontro com a narrativa e com a arte. A missa trazia o que meus familiares precisavam ouvir. A igreja passava sua moral, a maneira de pensar, de agir, naquela estrutura. O cordel, por outro lado, me deu essa liberdade da narrativa. Bem próxima da do cinema, como eu descobriria no futuro.

Eu acho que o processo solitário da vida me levou a dar atenção a tudo. Na Paraíba, o visual era muito forte. Fosse seca ou chuva. Então, nas idas à feira, meu avô parava para ouvir as histórias. Ele comprava os livros porque a gente tinha um parente que sabia ler. Quando ele ia lá em casa, lia os cordéis e até cantarolava alguns. Nessa época, as histórias começaram a me bater, a mexer comigo.

Eu ficava observando, ouvindo o cordel e comparava. Se o cara falava "batata", associava a imagem ao que estava sendo dito. Fui soletrando e descobrindo que o que ele dizia correspondia ao que estava escrito aqui.

Na verdade, qualquer pessoa aprende assim. Se aprender o alfabeto, é só ir colocando as letras.

Na feira livre, vovô vendia sal em litro. Como eu estava desarmado de conhecimento, tudo que se falava eu aprendia. Realmente, foi um pouco mágico. Seis meses depois, eu sabia ler. Quando eu não estava no roçado trabalhando em um pé de algodão, de milho, naquela agricultura de subsistência, estava lendo. Lia os versinhos perto da lamparina. O curioso é que aprendi a ler, mas até hoje não sei acentuar.

Foi um período de histórias muito interessantes. Li *O Pavão Misterioso, A Princesa Teodora, História do Cangaço,* entre outros livrinhos que meu avô tinha. *O Pavão Misterioso,* aliás, é uma das histórias que, se eu fosse dirigir em cinema, gostaria de fazer. É absolutamente fantástico. Muito mais bonito que *Blade Runner – Caçador de Andróides* (de Ridley Scott). *O Pavão* tem amor, aventura, é futurista e esplendoroso para uma criança. É a história de dois irmãos que herdam os bens do pai. Um vai produzir. O outro decide viajar.

Aí, ele vai para Turquia. Lá, conhece uma princesa, apaixona-se, divide tudo que tem e vai atrás dela. Como não consegue entrar no palácio, ele procura um escultor, um construtor, um gênio popular desses, que constrói uma máquina que não fazia barulho, em forma de pavão, com asas retráteis. Hoje, seriam esses aviões *Harriers* ingleses. O pavão permitiu a ele voar, posar numa palmeira perto do quarto da moça e roubá-la. É uma belíssima história. Imagina isso na cabeça de uma criança. Espero que um dia a Globo faça.

Foi assim que minha base cultural se formou. Com toda essa realidade do dia-a-dia, o circo da vida real, os animais, aqueles seres tentando sobreviver, a noite esplendorosa, o céu estrelado, a Via Láctea belíssima. Tudo se somou aos contos e causos que a família contava. As histórias da mitologia indígena. Meu avô também tinha um *Novo Testamento* em casa. Quando ele descobriu que eu sabia ler, pediu para eu ler o *Novo Testamento* para eles. Comecei a tirar os textos. Li à exaustão muitos deles. Isto me fez desenvolver a leitura e chamou muita gente da região.

Capítulo IV

O Primeiro Palco

Os vizinhos passaram a rezar na casa do meu avô, naquele oratoriozinho que conhecemos, de madeira. A gente rezava as novenas. Era muito novo e, por isso, não conhecia a estrutura da Igreja Católica. Lia enquanto os moradores da região rezavam. Foi o meu primeiro palco. As pessoas vinham de longe. Nós víamos as lamparinas descendo a serra. Era uma imagem muito bonita. Aqueles focos de luz. Meu avô dizia: *"Pela distância, comadre fulana está chegando. Fulano vem ali. Sicrano está vindo não sei de onde"*. Eram quatro, cinco amigos que vinham rezar conosco. Fui, dessa forma, o meu primeiro padre.

Não sou uma pessoa religiosa, embora respeite todas as religiões. Elas são fontes de conhecimento desde que a pessoa saiba ler, interpretar. Alguns religiosos são muito interessantes. Não há como negar Zoroastro, Jesus, Buda, Maomé, Gandhi, Leonardo Boff, Paulo Coelho, Dom Hélder,

Frei Betto e outras pessoas. Estou citando exemplos bem abrangentes. Realmente, aprendi a ler pela prática, pela insistência. Foi o primeiro encantamento que aconteceu na minha vida. Alguém implantou dentro de mim. Claro que teve uma dedicação, não é? Como eu não tinha muito em que gastar na vida, canalizei para a leitura.

Foram dois fatores que ajudaram no aprendizado. O fato de eu gostar do cordel e o de a família ser religiosa. A religião me fortaleceu, dentro da visão católica, no que era dito da ancestralidade humana. O que ela me deu mesmo foi o gosto pela leitura, pela narrativa. Era uma pena que eu não tinha uma *Bíblia Sagrada* em casa. De qualquer maneira, meus avós falavam dos acontecimentos dela, da vida de Cristo. Aquilo criava imagem na minha cabeça. Se eles falavam: *Jesus sofreu na cruz,* a gente imaginava o sofrimento.

Quando eu ia para a igreja, todas essas imagens estavam contextualizadas. Isto me deu gosto pela imagem. Hoje, não tenho crenças muito bem definidas. Sou místico e cético. Acredito em qualquer coisa desde que me provem. Por exemplo, se você me diz que levita, então levite que eu acreditarei. Quando eu era criança, a grandeza do mundo me fazia andar com a grandeza de Deus. Ele é a mãe e o senhor do mundo.

Depois que eu comecei a ler, não parei mais. Mas, espera aí que eu estava esquecendo de um fato muito interessante. Nunca soube o que me motivou a aprender a ler, qual foi o *insight* real. Foi dinastia da vida. Uma força maior. A gente não tinha banheiro em casa, como em todo interior naqueles tempos. Nossas necessidades fisiológicas eram feitas no mato.

Uma noite, eu levantei para fazer xixi na árvore em que sempre fazia, um pé de jitirana, e realmente me assustei com uma visão que tive. Estava semi-adormecido e apareceu uma luz. De repente, aquilo se acendeu na minha frente. Tinha o formato de uma pessoa, mas era luz.

Eu me assustei, gritei e saí correndo. Tudo em frações de segundos. Foi uma visão tridimensional que, acredito, muita gente tem. Corri para casa. Caí desmaiado. Fiquei com os cabelos arrepiados e desmaiei.

Não quero que pareça que veio do nada. Explico mais na frente. Enfim, o registro é de milésimos de segundo. Meu avô, um velho disposto, correu com uma faca imensa na mão para ver o que era. Tudo apagado. Não achou nada. Voltou e me balançou, balançou na rede, para ver se eu reagia, e eu não falava nada. Este acontecimento despertou no meu organismo uma necessidade de transição. Um sentimento de que *não sou o Severino que vocês pensam que eu sou*.

A partir daí, tudo começou a mudar. Não foi um milagre. Foi, sem dúvida, um evento místico. Se isso não tivesse ocorrido, eu não teria, meses depois, descoberto aquelas histórias dos cordéis, as letrinhas que me tocavam. Era um sinal. Um recomeço. Um signo de produção. É preciso ficar muito atento à vida.

O cordel me deu uma inteligência. Passei a entender muito rápido. Para uma criança era muito difícil decifrar aquilo. Como a carga emocional era muito grande, vivia muito sozinho, sem perspectiva, assimilava mais facilmente. Aquela luz era alguém que me acompanhava. Nós só vamos até o limite da cultura atômica. Agora é que a humanidade está engatinhando na ciência inicial do conhecimento dos padrões subatômicos. Um mundo além dos neutrinos. No nível da energia eletromagnética. O homem não pára aqui. A gente só enxerga até aqui, mas podemos ver mais. Operamos nas oitavas possíveis. Sons que não ouvimos, não quer dizer que não existam. Esse momento mágico que contei me permitiu operar de outra forma. Mudou meu organismo para outro nível de energia.

Na vida cotidiana, entretanto, não mudou nada. Continuei trabalhando na lavoura. De vez em quando levava uma pisa (surra). Uma vez, vovô me bateu porque não apanhei algodão direito. A gente plantava um pedacinho de milho, de algodão. Quando o rio passava, de vez em quando, a gente plantava alface. Tudo em espaços pequenos, mas possíveis de brotar. Imagina isso para uma criança. Um milho brotando é magnífico. Nós é que não aprendemos a dar valor a essas coisas e, em conseqüência, negamos uma natureza tão extraordinária.

Em 1958, tivemos uma seca muito grande no Nordeste. A vida já era difícil, mas aí eu conheci o bicho, o bicho, literalmente. Vi o que era fome e comi de tudo. Até calango, uma espécie de lagarto comestível. Temos um pouco dos orientais neste sentido. Com fome, comemos tudo.

Aos oito anos, não tinha condições de fazer serviço braçal, mas participava da sobrevivência da família. É difícil para uma criança. Eu tinha de sobreviver com eles. Era difícil, mas, enquanto estava chovendo, a gente caçava um rato (preá), um peba (tatu), uma galinha. A natureza dispunha. As fontes de trabalho já eram péssimas e ficaram insuportáveis. Aí, eu vi o que era a fome, aquela que você amanhece o dia e não tem o que comer. A ajuda que chegava de fora era aquela farinha da Unesco, azeda pra caramba. A gente olhava mais para o céu do que para a terra. Como não tinha o que comer, a gente comia qualquer coisa. A sorte é que ainda tinha algum mato lá. Hoje, acabaram com o Nordeste. Acabaram com a Mata Atlântica, mataram o sertão.

Então, à noite, minha prima Liquinha e eu íamos fachear - caçar passarinho com uma lamparina e uma madeirazinha que não esmagava a ave. Era só bater, e pronto. A gente pegava rolinha e armava arapuca para pegar preá. O santo e bom cachorro, que aqui nas cidades grandes a classe média usa como crachá, era indispensável. Não era essa história de *sou de tal família, tenho um* pitbull. Naquela época, o cachorro era o integrante mais importante da família. Sem ele, nós não sobrevivíamos. Ele pegava a caça e trazia. Lembro de Xaréu. Trazia tudo para casa. A cobra o matou. A gente arranjou o Tubarão. Quando o cachorro trazia um preá, merecia um beijo na boca dele. Ele ficava só com os ossinhos e o caldo. Aquilo nos alimentava.

O desespero era tão grande que, uma vez, minha prima foi atrás de uma galinha e achou uma raposa. A gente correu atrás dela e capotamos a raposa na pedrada. Nas beiras de rio, onde houvesse vida, aproveitávamos tudo. Até as plantas nativas. Tirava um coco-catolé. A gente quebrava e comia. Um mel de abelha, por exemplo, que a gente encontrasse pelo caminho, não se perdia.

Dessas buscas, só lembro de ter levado carreira uma vez. Mandei a enxada na cobra e tive que sair voado. A gente também ficava de tocaia para pegar arribaçã nos pocinhos. Quem tem fome, come tudo. Até o ser humano, se for preciso. Os seres vivos se alimentam de outras vidas. É assim. Não tinha esse papo de que era cobra. Todos os bichos se escondem, se provêm. O sertanejo aprende a hibernar na seca, como o urso no gelo. A natureza não morre, gasta o menos de energia possível para começar um novo ciclo. Aí, quando chove, aparece a flor do ipê. É uma pena que estão acabando com essas fontes de caças e, de alguma forma, de agricultura. O homem ainda é um caçador. Veio chover só uns três meses depois destes quatro meses de seca, que eram uma infinidade.

Meu mundo foi isso. Era xique-xique, macambira, um universo cheio de vida. Quando choveu, eu não apanhei o algodão direito. Tomei uma surra de meu avô, que falava pouco. *"Se não trabalhou, bate, que ele aprende"*, ensinaram a ele. Então, tomei um pau que eu acho que desmaiei três vezes. Foi um tapão muito forte. Meu avô era um homem caboclo. Ele quebrava nove rapaduras em um murro. Isso não quer dizer que à noite ele não fosse capaz de colocar um caldo de feijão para a gente. Nem arroz tinha. Foi só uma pisa, mas somatizei.

Teve uma época que, por causa da solidão, adoeci. Peguei uma micose que me arrancou o couro. Minha tia também me bateu algumas vezes. Não que eu fizesse nada. Bateu para desabafar. Era o alvo possível. O patrão, Deus e o pai, impossível. Seu hímen, impossível. Aquele cabaço, intocável, era propriedade da Igreja.

Ela era uma pessoa da Igreja, tinha sido formada para essa realidade. Tinha essa visão horrorosa de vida.

Meu couro caiu. Eu tinha uns oito anos. Minha tia tirava minha roupa e eu dormia enrolado em folha de banana. Ela me passou um banho de enxofre. Depois você ia para o roçado, para juntar mato, fazer umas coivaras. Era um sistema indígena, só que sem a beleza do índio e sem a liberdade deles. Imagina o que era ir para a beira do fogo depois de ter tomado um banho de enxofre. Nunca esqueci aquele cheiro insuportável. Fiquei bom depois. Foi uma doença causada pela solidão, pelo estresse. Eu tinha uma mãe que, além de não bater, e não deixar bater, ia onde os filhos estavam para dar comida na boca.

Minha tia me batia por besteira. Certa vez, um menino estava passando e me chamou. Ele estava trepado em cima da porteira e eu mandei ele descer. Aí, ele me chamou de "safado". Rebati chamando ele de "corno". Levei uma surra da minha tia. Por um lado foi até bom, senão eu não teria saído de lá. Então, servia para rezar; para diverti-los e, já que meu pai tinha me dado para eles, ser uma fonte de renda. Não era maldade. Era o princípio da sobrevivência.

Meu pai só vinha no interior quando podia. Foram poucas vezes. Meu irmão Siva, então, me falou de umas casas grandes, de prédios, com descrição do que eram os edifícios. Não conhecia. A idéia de uma casa em cima da outra era impossível para mim. *"Ninguém pode ter uma casa em cima da outra porque a de baixo cai"*, imaginava antes de conhecer a capital.

Capítulo V

O Homem na Lua

O Brasil dos anos 50 tinha um movimento interessante, a história de Juscelino Kubitschek pela presidência. O País começou a crescer e a produzir. Juscelino e Dom Pedro II são os maiores homens que o Brasil já teve, e fim de papo. Não foi à toa que tivemos neste período a Bossa Nova, o Cinema Novo, ganhamos a primeira Copa do Mundo, tivemos uma Miss Universo e vimos o Brasil crescer nesses períodos diferentes da História. A idéia de crescimento havia chegado ao Brasil, que estava antenado com o resto do mundo.

Eu nunca esqueci como a fantasia nos ajuda na vida. Meu pai chegou no interior e começou a falar para o meu avô, que era um arcaico de primeira qualidade, que Yuri Gagarin tinha dado uma volta na órbita da Terra. Meu pai tinha escutado em um rádio em João Pessoa e contou essa história, que o homem ia para a Lua.

Meu avô não acreditava. Meu pai falava: *"O homem vai para a Lua"*. Meu avô respondia: *"Vai não, porque aquilo que Deus fez o homem não põe a mão"*. Tinha aquela visão geodésica que a Igreja impôs na Idade Média e que tantos males fez à humanidade, a Galileu e tantos outros. A lorota de que o centro do universo era a Terra, que naturalmente não era e não é. Meu avô retrucava: *"Se Deus fez o negócio, como é que o homem vai lá? Não vai lá nunca"*. Aí meu pai, com a vivência da capital paraibana, dizia: *"Eu acho que ele pode ir sim, pai, porque... não existe o avião? Ele vai de avião"*, insistiu meu pai. E vovô não desistia. *"O problema não é esse. O problema é como ele vai ficar pendurado naquela altura, naquele pratinho, de cabeça para baixo?"*. Ele eliminou qualquer distância e concebia a Lua como devia, um prato de cabeça para baixo. Eu acho que um anjo, um santo, um gnomo, um elfo me socorreu naquele momento e disse: *"Saia daí, porque se a mentalidade é essa, você não vai a lugar nenhum"*.

Aos 10 anos, fui para João Pessoa. Já sabia ler e escrever. Meu avô teve uma tristeza imensa. Foi aí que eu conheci a miséria de fato. No interior você tem pobreza, mas tem valor moral. Em favela não tem nada. Não era nem para existir. A não ser que tivesse uma condição digna, como as vilas francesas, dinamarquesas. Ou seja, meu pai morava na periferia. Subúrbio mesmo. No bairro de Mandacaru. Ele morou lá até morrer, porque eu não tinha condição de tirá-lo de lá. O que era possível ajudar, eu ajudava. Era a última casa de João Pessoa. A partir dali, só havia os mangues, fontes de alimento. Quem não tinha o que comer ia no mangue, pegava caranguejo, siri, aimoré, e cozinhava.

Papai, no início, trabalhava na construção civil. Era servente de pedreiro. Depois virou vigia e se aposentou como vigilante. Tinha muitos filhos e minha madrasta ainda veio com três e teve mais um com papai, Maria das Graças. Nunca curti meu ambiente familiar. Depois ele se separou e se casou com outra, Dona Severina, que agora tem dois filhos já grandes. Um, Ricardo, se forma este ano em Telecomunicações.

É um dos orgulhos que a gente tem. Ricardo está se formando em Telecomunicações. O outro, Edinaldo, não quis estudar, é motorista.

Tenho vários irmãos. Da primeira família são: Luís, que é carpinteiro; Severino Filho, que chamamos de Siva, que é vigia; e a minha irmã, que é a pessoa que eu mais adoro, Neusa. Ela batalhou enormemente. É doméstica, mas é a cabeça da família. Ela conseguiu formar duas filhas. Kelly é psicóloga; Kátia, que é meu xodó, é jornalista e trabalha na TV Globo, em João Pessoa; Kleber é *videomaker* e Vilma, filha adotiva, faz enfermagem e já trabalha na área de saúde.

Eu acho que o fato de eu ser ator movimentou a família em outra direção. Porque você dá o exemplo. Tenho sobrinhos que são músicos, como Kakau Duarte, cantora, e Kelson, tecladista. Ter é uma coisa, ser é outra. Nem todos seguem porque nem todos querem. Se acomodam em suas vidas, acham que tem de cair do céu. A história não é assim. A dureza da periferia era parecida com a do sertão. A diferença estava na madeira da casa, que era tirada do mangue, e não da mata, como a da casa de taipa.

Fiquei três anos ali. Não foi muito agradável, porque não tinha nada que fazer além das brincadeiras de menino. Jogava biloca (bola de gude), andava com carrinho de lata, aquelas porcarias que tinha. Bola de futebol? A gente não tinha. Batia com bola de pano e, às vezes, brincava de cabra-cega. A única vantagem é que a gente tinha o mangue e se divertia naqueles arredores. Eu pegava muito caranguejo e siri.

Capítulo VI

O Menino e o Mar

Aí Nazaré, minha irmã, uma mãe para todos nós, me matriculou numa escola no primeiro ano. Como já sabia ler, não me interessei muito. Aos 13 anos, não agüentei viver em João Pessoa. Não tinha ambiente em casa. Voltei para o interior. Na mesma época, Neusa foi morar com uma senhora que acabou a adotando. Fátima, a caçula, foi morar em outra casa. Era difícil viver na casa de pai. Imagina viver com madrasta, sem relação, na visão nordestina. A única coisa legal é que meu pai não deixava que ela batesse na gente. Minha mãe antes de morrer disse: *"Não deixe que Severino bata nos meus filhos"*. Impressionante, ela se afogando no sangue, sem voz, disse isso. Pai realmente cumpriu. Ele sempre teve um senso de justiça. Nunca esqueço de umas férias que passei na Paraíba, já como ator. Dei uns trocados para ele comprar pão numa noite. Voltei três anos depois e ele me devolveu o troco. Só um homem muito sério faria isso.

No interior, tive uma adolescência sem orientação. Dessa fase em João Pessoa, o bom foi que eu vi o mar pela primeira vez, tal qual Tonho (Rodrigo Santoro) em *Abril Despedaçado.* A sensação de te levarem para ver a praia é linda. Não era o mar em si que impressionava. Era o barulho da água, das ondas, da imensidão azul da água.

Meia hora depois de andar, comecei a ouvir o som aos poucos e, de repente, vi aquele volume de água. No caminho, passei por cajueiros e toda aquela vegetação típica do litoral. A sensação de ver o mar – e ouvir – no ouvido de uma criança é de valor tridimensional. Era aquele mar. Não tinha prédio nem casa na praia. Era só coqueiro e mato. Era cheio de cação (espécie de tubarão). Essa imagem de Manaíra (praia urbana de João Pessoa) realmente ficou. Depois, me fascinei em ver os navios. Conheci o trem mais tarde.

Não tinha lar em João Pessoa. Tinha casa, que é diferente. Casa é tijolo, parede. Lar é o afeto. Foi ruim, porque no começo da adolescência, eu voltava para o interior, onde não gostaria de ter voltado. O enfoque da adolescência, deste período tão rico de novidades, foi difícil. Fui para um ambiente mais velho, mais carente, mais pesado, mais religioso, mais católico. Eu era uma mão-de-obra mais forte, um cabra mais forte. Ajudei muito. Mas não estava feliz.

Aos 14 anos, resolvi voltar para João Pessoa. A casa do meu avô já não era a mesma coisa. Não tinha que fazer. Dentro daquela crueza da cultura da pedra de João Cabral de Melo Neto (como em *Morte e Vida Severina,* que vivi no cinema e na televisão) já não havia mais o que olhar, o que dizer, não me tocava. As motivações eram outras. Minha energia estava sendo canalizada para o sexo, a descoberta do erotismo. Então, não via poesia nas brincadeiras que antes eram fortes. Sem falar que eu não tinha amigos lá. Era tudo muito isolado.

Capítulo VII

Uma Biblioteca à Disposição

Em João Pessoa outra vez, eu não conseguia ficar em casa. Fátima, outra irmã, trabalhava na casa de um casal, a quem eu devo minha leitura. O Dr. Fernando Melo, que já morreu, e Dona Dolores Melo, que foi minha amiga. Sem eles, eu não teria aprendido tanto. Eram pessoas muito bacanas. Eles me deram uma força incrível. Tudo começou quando eu fui visitar minha irmã e, por acaso, ela pediu para eu fazer umas compras. Fiz. Fiquei indo lá cortar grama, lavar o carro, fazer bicos. Tudo que você pode imaginar na vida. Até pedra eu quebrei. Dormia num quarto nos fundos da casa.

Como tinha muito jornal e revista na casa, comecei a ler. Quando Dona Dolores descobriu que eu sabia ler, ela me deixou à vontade. Abriu a biblioteca para mim. Li o que aparecia. Era capaz de ler a primeira página e jogar fora se não me chamasse atenção.

Neste período, eu lia tudo na rua. Placa, cartaz, etc. Então, Dona Dolores me aconselhou a fazer um curso preparativo para entrar na escola. Isso era para cursar o primário e, depois, tentar o ginásio e o científico. Foi uma espécie de madrinha, sem a qual não teria sido nada.

Ela pagou o curso. Fiz o ginásio de uma vez (como uma espécie de supletivo). Passei, depois, na Escola Técnica Federal de João Pessoa. Passei em 12º lugar. Tive que parar quando o casal mudou para Recife. Dr. Fernando foi chamado

para trabalhar na Sudene. Minha irmã tomou conta da casa um período e depois voltamos para Mandacaru. Já tinha feito a 6ª série.

A Escola Técnica ficava longe de casa. Pedi uma bolsa. O diretor, Itapuã Targino, me deu uma pequena bolsa, foi muito generoso comigo. Mas, pouco tempo depois, houve mudanças na direção e perdi esse auxílio, que já era insuficiente. Algumas vezes fui a pé. Você sabe o que é andar 20 km para ir para uma escola? Um dia voltei, estava chovendo e fiquei com tanta raiva que arranquei o distintivo e joguei em um riacho. Concluí o primeiro ano, mas não agüentei terminar o segundo. Era muito cansativo. Não arrumava um trabalho, não tinha como ir às aulas e ainda sofria com o ambiente em casa. Aos 17 anos, fiquei para lá e para cá. O único serviço que aparecia era na construção civil, como servente.

Capítulo VIII

Serviço Militar

Não tinha adolescência. Sem dinheiro, não levava ninguém lá em casa. Até porque não havia o que mostrar. Hoje em dia, isso não me afeta. Quero que a namorada venha e traga a marmita. Só aceito casar se trouxer a marmita. É poético. Agora, voltando à adolescência, pintou a possibilidade de eu ir para o quartel. Não fiquei na primeira vez. Eles me chamaram numa repescagem. Servi e criei uma nova perspectiva. Nos bailes, ouvia Beatles, Roberto Carlos. Era divertido.

Não teve nada nesta fase da minha vida. Jogava bola. A afetividade era complicada, por tudo que falei. Sentia que o que eu queria não estava ali. Ficar no Exército para mim era legal, mesmo sendo no auge da repressão, da qual não tinha noção do que era. Foi bom. Primeiro porque havia comida. Depois teve a preparação. Fiz o curso de cabo. Passei em primeiro lugar.

Criei uma expectativa de ser militar, embora não achasse que batesse muito em minha cachola.

Na verdade, eu pensava que, se eu viajasse como militar, poderia me formar. Quando eu era pequeno achava que podia ser médico. Minha tia preparava a galinha e eu pensava nas tripas. Sonhava que podia estudar aquilo. Fiquei três meses como cabo. Tentei engajar e não consegui. O comandante de meu quartel na época era primo do cônsul Ney Diegues, que foi embaixador do Presidente Fernando Henrique Cardoso na Alemanha, que eu conheci quando *Kenoma* (de Eliane Caffé) passou em um festival alemão. Cheguei a falar com o comandante, Mário Rocca Diegues, mas não deu certo. Morei com minha irmã Neusa, que, à época, já era casada com Airton José, o Bolinha, um radialista famoso da Rádio Tabajara. Dona Dolores e Dr. Fernando voltaram para João Pessoa, mas foram morar num apartamento. Não dava mais para ficar com eles.

Ficava no quartel a semana toda. A ditadura corria solta. Beto, filho de Dr. Fernando, foi preso político.

Era engraçado porque o pai era um homem do sistema, de direita, e o filho foi preso em um assalto político, como os feitos por aquele grupo que seqüestrou o embaixador norte-americano Charles Elbrick no Rio de Janeiro. Beto ficou preso em Itamaracá, em Pernambuco, um tempão e foi torturado. Estar preso por pensar diferente já era uma tortura. Coisas da ditadura.

Eles precisavam do preso para justificar o regime. Igual à guerra que os norte-americanos inventaram com o Iraque em 2003. Não posso falar que tinha tortura naquele quartel, porque não vi. Fiz preparação antiguerrilha. Aquilo, sim, era tortura. Os treinamentos eram pesados, destes que passam na selva. Eram comandos para combater a guerrilha. Exagero. No Araguaia eram quatro gatos-pingados. O Brasil não tinha um exército revolucionário. A história de guerrilha foi invenção da CIA e do governo militar.

Nos treinamentos, eles faziam sessões com a gente para criar no soldado sentimento anticomunista. Faziam com que sofrêssemos e diziam que era o que comunistas fariam com a gente se caíssemos nas mãos deles. Tática para criar um sentimento de rejeição. Coisa primária que a CIA fazia. Eles queriam nos deixar preparados para se houvesse guerrilha. Tinha testes como marchar de joelho e nu no calçamento. No sul, os treinamentos eram mais fortes. Acho que em Recife era onde as torturas rolavam.

Quando você vê essa invasão do Iraque, feita por George W. Bush, você dá gargalhada, porque eles fizeram isso a torto e a direito no Brasil. E ainda tem quem ache que ditadura é bom. Tem gente que defende essa desgraça. Queria ficar no Exército mesmo para estudar. Não tentei ser sargento, porque tinha que ter o segundo grau. Aí, saí.

É claro que não gosto dos militares da época da Ditadura. Mas acho que o presidente Castelo Branco era competente. Se tivesse tido um governo liberal, teria sido um ótimo presidente. Era muito preparado. Não pôde fazer nada porque a assessoria era imposta pelo regime. Era tão preparado que o mataram, como aconteceu com Juscelino

Kubitschek. Os dois foram assassinados mesmo, e pronto. Sem conversa. É claro que há – e havia – militares dignos, conscientes de sua profissão, que não compactuaram com as atrocidades da Ditadura. Na época do Castelo Branco não teve tortura no Brasil. Houve uma guinada à direita. Aí os americanos entraram e fizeram o que todos sabemos.

Quando saí do quartel, não conseguia estudar. Fiquei procurando uma saída para minha vida. Descobri um curso de embarcadiço na Paraíba para a Marinha Mercante. Não podia ir para a Marinha da Guerra porque eu já tinha saído como cabo. Não podia ir para a polícia porque eu tinha que entrar como sargento. O curso de embarcadiço é para formar operários para servir na Marinha Mercante, com certo nível de especialização. O meu futuro era trabalhar em um porão de navio. A vantagem era sair de casa. Não conseguia ficar lá. Para você ter uma idéia, perto da minha casa tinha um riacho, mas nunca pedi para ninguém lavar minha roupa. Sempre lavei. Ia para o quartel com a roupa que eu mesmo preparava. Parece pouco, mas nem todo homem faz isso.

Fiquei três meses fazendo o curso. Mas a miséria continuava, uma pobreza extremada. A Ditadura não trouxe benefício nenhum. Pegaram muito dinheiro emprestado, mandaram para fora e endividaram o País. De positivo, houve a construção de conjuntos residenciais em João Pessoa. Minha irmã Neusa, inclusive, foi morar em um deles. Eu sempre morei na casa de uma irmã e de outra. Nunca ficava em casa. Depois do curso de embarcadiço, esperei. Não consegui embarcar em João Pessoa, em 1971. Em resumo, a Ditadura foi um cheque do poder econômico, assinado pelo poder militar e descontado na sociedade, que acabou nos fazendo perder nossas referências culturais para sonhar com o modo de vida norte-americano.

Capítulo IX

O Encanto do Sol

Depois da Marinha, trabalhei no horto florestal, ajeitando planta. Não rendia. Imagina trabalhar o dia inteiro e depois ir para o colégio a 20 km. Resolvi ir embora. Por acaso, um dia cheguei em casa e estava tocando *Here Comes The Sun,* dos Beatles. Era final de 1971. Me deu vontade danada de ir embora. Era como se alguma coisa me puxasse. Essa música bateu como uma pulsação. Não sabia inglês, mas o sentimento do que se passava me levava ao sol. Com toda essa formação de forró, de violeiro, fui atraído pela história deste sol que vem, como descobri depois, do sol que encanta, um símbolo maior, sol doidão, esse sol de Woodstock.

Ouvi num rádio velho, a válvula, sem a caixa. Assim, as válvulas estavam expostas. Parecia uma cidade espacial. Tinha 21 anos. Foi chamamento. Um anúncio da vida. Algo dizia: *Vamos superar essa mediocridade*. Um alerta que funcionou.

Só que eu não tinha consciência. Poderia ser *Asa Branca,* de Luiz Gonzaga, mas seria a partir da dor. Com *Here Comes The Sun,* deixei o sertão a partir do encantamento, da magia. Algo me chacoalhou. Três meses depois, fui embora.

Morava em uma casa de palha. Estava em uma rede, com muriçoca. Já tinha energia elétrica. Só tinha um bico de luz. Não podia nem acender, senão tocava fogo na casa. Um dia a luz queimou. Meu irmão Siva era muito inteligente e era quem ajeitava. Só que no dia ele não estava em casa e eu peguei os fios. E como eu não tinha habilidade, juntei todos e liguei. A casa quase explodiu. Essa emoção da chegada da energia foi muito louca.

Aí meu pai arranjou um rádio, importado de Pernambuco. Ele já trabalhava como vigia das obras. O rádio pegava mal. Mas dava para ouvir as emissoras da Paraíba: Tabajara, Arapuã. Na época, você chegava às 4 da tarde e ouvia os tocadores de viola. Hoje não tem mais nada. É só axé, pagode, *reggae, funk*. Qual é? Cultura de fora. Não é xenofobia, porque existem coisas boas em qualquer parte do mundo.

Pelo menos no rádio a gente ouvia coisas legais. Os jogos de futebol. Não sabia, por exemplo, que existia a Copa de 1958, a maior comoção coletiva que o País já teve. Estava passando fome no interior da Paraíba naquele tempo. Mas reconheço que na época o Brasil estava crescendo com Juscelino. Foi o único político que eu conheço que disse *eu vou fazer* e fez. Em 1962, já se ouvia a Copa na rádio dos vizinhos. Na de 70, eu estava no quartel, tirando guarda.

Quando meu pai ganhou o rádio, ele passou a escutar forró, os violeiros e futebol. Éramos campeões do mundo. Quando o time dele estava perdendo – ele torcia pelo Treze - em uma emissora, ele mudava, porque, ingenuamente, achava que em outra o Treze podia ter ganhado. Foi um homem notável de ponta a ponta. Ele me deu o senso de justiça. Fez o que pôde por mim.

No momento em que eu comecei a melhorar de vida, passei a ajudá-lo. A primeira providência dele foi colocar o filho mais novo para estudar. Quando eu consegui fazer a casa dele, que bem ou mal está lá, passei dois anos sem tomar uma cerveja. Porque eu achava, e acho, que a prioridade era o meu pai. Ele tinha trabalhado igual a um cachorro para cuidar dos filhos, que ele sempre amou.

A música dos Beatles me fez pensar que o mundo não era só aquilo. Pouco tempo depois, num dos bares da vida, um amigo me ofereceu uma cerveja. *"Não, você não vai me comprar com isso. Obrigado, mas não quero"*, falei. Era aquela cultura de te oferecer com toda referência machista da faca na cintura. No dia que eu fui embora, tocaram Evaldo Braga, Aguinaldo Timóteo, Agnaldo Rayol, Moacir Franco. Houve choro, lágrimas e despedida. Esse era o universo de onde eu vinha. Não podia ser diferente. Já gostava de Caetano e do que parecia diferente. Por isso, eu não aceitei quando quiseram me comprar com a faca ou com o chope. Eu ia casar, ter filhos, estar cheio de menino aí. Isso poderia ser, eventualmente, positivo para a minha cabeça. Não era. No momento não era. Partiria como uma asa-branca, o passarinho, e voltaria como uma asa-branca. Esse era o sentimento.

Peguei o ônibus e vim embora para São Paulo. Tinha uma tia que morava na Vila Piauí. Tia Livramento Batista, que já morreu, e seu João, que hoje mora na Paraíba. Eu fui com um amigo meu, o Carlinhos, que tinha feito o curso da Marinha comigo, que eu nunca mais vi. Trabalhei na fábrica Progresso, e ele também. Só que depois eu saí, fui para os Correios. Ele ficou. Eu tinha entrado como ajudante. Ele aprendeu, rapidamente, na serralharia, passou a trabalhar com o ferro, e foi para outra fábrica.

Como estava em São Paulo, eu ia muito para Santos atrás do sonho de conhecer o mundo nos navios. Não conseguia embarcar. Porque eu não tinha dinheiro para ficar em Santos. O dinheiro só deu para chegar em São Paulo. A idéia era ficar uma semana em São Paulo, juntar dinheiro para ir para Santos.

A minha tia era muito pobre. O meu tio trabalhava em uma fábrica de motores. Eles me receberam com estima. Chegamos em São Paulo num frio danado. Acho que foi o dia mais frio da minha vida. Estava 7°C.

Naquela época, os nordestinos eram odiados no Sul do Brasil. Hoje está melhor. Eram odiados porque não tinha espaço. Fui para São Paulo para estudar e trabalhar. Pensava que era só arranjar um emprego, melhorar de vida e estudar. Engraçado que, mesmo quando minha vida melhorou, eu não estudei no sentido clássico – estudo do meu jeito. Não consegui ficar em Santos. Tinha que ser sindicalizado. Achava que poderia correr o mundo com a Marinha. Você vê como a vida é. Acabei correndo o mundo com o cinema. Como as linhas paralelas funcionam.

Capítulo X

Carteiro em São Paulo

Em São Paulo outra vez, fiquei numa pensão simples na Lapa. Arrumei um emprego numa fábrica. Fazia moinhos, como aqueles que a gente usava no Nordeste. Os mesmos em que eu moía milho. Era na Fundição Progresso. Fiz uma releitura. Moí milho, carne, neste troço. Saí da fábrica quando apareceu uma chance nos Correios. Fiz um teste para ser carteiro. Não precisava ter segundo grau. Entreguei carta até virar ator. Um coronel tomava conta dos Correios nessa época. Não lembro o nome dele. A gente não podia usar barba. Era coisa de militar mesmo. Aí minha vida foi São Paulo, aquela história que mostrei em *O Baiano Fantasma* (de Denoy Oliveira), aquela solidão toda.

Entregar carta, aos meus olhos hoje, era extremamente poético. Na época, era uma trabalheira danada. Levava mensagens, emoções e sentimentos. Numa carta vai sempre ira, amor, cobrança, motivação, etc. Uma vez pensei: *O que será que vai aí? O cara pode estar desmanchando o casamento. O que envia para o Nordeste pode estar falando do filho, e vai por aí.*

Tem carteiro em São Paulo que sabe tudo. O carteiro de *Narradores de Javé* (de Eliane Caffé) é absolutamente escroto, como vemos no filme. Em *O Homem Que Virou Suco* (de João Batista de Andrade), leio e escrevo cartas, espécie de carteiro afetivo dos amigos de trabalho. Uma leitura daquilo passou pela minha mão. Carta de Netinho para Fulano de tal. Hoje com o telefone, ninguém escreve mais. Naquela época, tinha coisa como *"entregar para Pedro em São Paulo"* e do outro lado tinha *Maria do Rosário.* Se você olhar, isto é bonito pra caramba.

Dessas andanças como carteiro, não esqueço de uma história. Uma vez, um cachorro sem vergonha mordeu minha canela. O Correio tinha me mudado de setor. Não conhecia bem a área e fui surpreendido. Entreguei cartas na região do Ipiranga, onde tem muitas fábricas. Entreguei até em fábrica de Paulo Maluf. Trabalhei naquela região de Jabaquara toda. Era muito pesado, mas era um emprego fixo. Pensava: *Vou juntar um pouquinho e um dia eu embarco.* Estava ainda com o sonho do mar na cabeça. Não deu certo.

O dinheiro só dava para pagar a pensão, dormir e comer. É o que fazem com as pessoas, que são cúmplices deste sistema capitalista. Não tinha essa raiva. Ou melhor, compreendo hoje. Esses anos passaram rapidinho. São cadernos em branco, lembranças amarrotadas na memória. Fui muito ao cinema, na região da Boca do Lixo. Aliás, meu primeiro contato com o cinema foi em João Pessoa, aos 12 anos. Fui ao cinema de bonde. É uma imagem muito bonita. Tudo para assistir a *O Pirata Sangrento,* com Burt Lancaster. Não lembro se o filme era bom ou ruim. Meu irmão Siva me levou. Tinha filme de terror, bangue-bangue, bem popular. Essa primeira imagem foi muito interessante. Aquela tela grande.

Em João Pessoa, fazer uma foto era mais difícil que ir ao cinema. Tanto que a minha primeira foto eu só fiz aos 14 anos. A minha identidade, para ter idéia, eu tirei em São Paulo. No início, fiquei sem documentos, igualzinho ao poeta Deraldo de *O Homem Que Virou Suco.*

Uma de suas primeiras fotos, 1974

Capítulo XI

O Teatro

A pensão era perto da Estação Liberdade. Fiquei uns quatro anos nos Correios. Em 1975, recebi na Praça da Sé um folheto de uma peça de graça. Acho que era Teatro Sesc. Ia muito ao cinema naquela região. Nunca tinha ido ao teatro, que não era popular na Paraíba. Como era de graça, fui conferir. Era um teatro um pouco abaixo do Bexiga. Tinha pouco contato com a família na época. Só na base da carta. Então, evitava ficar parado. Saía. A peça era uma tragédia: *Leonor de Mendonça.* Era com Cláudio Corrêa e Castro e Ewerton de Castro, os primeiros atores que vi no teatro. Era uma história medieval. Foi um impacto para mim. Abre a cortina e tal. O nível de magia era grande. A representação. A realidade acontecendo na tua frente. Vi a peça e gostei muito.

Como era de graça, voltei sempre que pude ao teatro. Comecei a conhecer umas pessoas e me tornei amigo de várias pessoas. Uma dessas era

Aiman Hamoud, ele atualmente faz muito comercial em São Paulo. Hamoud era professor na escola de cinema de Francisco Santos e Zé do Caixão e ainda tinha um grupinho de teatro. Fui lá algumas vezes. Não aprendi nada. Fiz amizade com o pessoal. Era tudo muito diferente para mim. Em três meses, houve uma reviravolta na minha vida. Nada tão sério. Nesta época, tinha uma peça de Eduardo Campos, dirigida por Haroldo Serra, que falava da periferia de Fortaleza. Era *O Morro do Ouro.* O grupo fez uma montagem paulista. Um amigo foi lá fazer um teste e me levou junto. Não sabia nada de teatro, mas, como tinha uma cara e um tipo marcado de nordestino, eles me chamaram.

No primeiro momento, eu fazia um cara que entrava com uma bandeira e dizia algo como "boa noite". O ator que fazia um deficiente físico saiu por razões pessoais e ganhei o lugar dele. Era uma peça em que se falava pouco. Mas o aleijado era um personagem bom. A montagem foi boa de crítica. Foi um período em que eu ainda era muito amador.

Gianfrancesco Guarnieri tinha escrito um especial para a Globo, chamado *O Sonho.* Ele não queria que o protagonista fosse um ator conhecido, destes que saíam nos jornais e revistas. Queria uma cara diferente, para a história ter perfil de *Caso Verdade.* Eles passaram no teatro e acharam que eu era o tipo correto para fazer aquilo, já que era nordestino e tinha um rosto bem marcado. O texto era puro Guarnieri, cheio de toques sociais, arraigado, profundamente humano.

É a história de um cidadão que trabalhava no Metrô de São Paulo e esperava a família. Sem o endereço dele, os familiares se perdem. É um especial de desencontro. Então, ele toma uma cachaça e diz que o metrô é dele, porque ele ajudou a construí-lo, trabalhou na obra. Tem um perfil sociológico. A história de que *"isto é de quem produz"*. Uma visão de mundo mais social. Fez um tremendo sucesso. Era bem nordestino. Marcado culturalmente.

Zelito Viana viu o especial, gostou e me chamou para fazer *Morte e Vida Severina,* o filme. Fui contratado para declamar aqueles poemas. Eles eram muito maiores do que eu. Mas, juntos, eu, Jofre Soares e Stênio Garcia fizemos. Resolvi largar os Correios e mudei para o Rio de Janeiro. Decidi que seria ator. Para minha sorte, o grupo que fez o *Morte e Vida Severina* era o de Luís Mendonça, um pernambucano muito famoso, que tinha feito *Lampião no Inferno, Canção de Fogo.* O elenco dele tinha como núcleo Tânia Alves, Tonico Pereira, Elba Ramalho e Walter Breda. Eles iam fazer uma viagem pelo Brasil. Me chamaram para uma participação em *Canção de Fogo.* Fiz um personagem malazartiano. Viajamos quase todos os Estados. Era um mundo novo para mim. Imagine. De repente, eu estava na televisão. Achei que podia ser um caminho. Era uma história nova. Um novo afeto. Uma nova estrutura.

Pensei que ia ganhar muito dinheiro e comer muita gente. Não aconteceu nem uma coisa nem outra. Mas aí veio a peça em si. A perspectiva era muito positiva. No Nordeste, minha família ainda estava muito mal. Fiquei no Rio de Janeiro.

Mudei. A Globo produzia no Rio. Sonhava em achar outro papel na Globo. Queria, agora, fazer cinema. O Rio era o centro da produção. A passagem pelo grupo de Mendonça foi curta. Era uma estrutura muito diferente para mim. Quebrei a cara. Não era o que eu esperava que fosse. Fiquei morando numa pensão no Catete. Foi um ano difícil. Não fiz nada. E o dinheiro que tinha era só para pagar a pensão.

Em Morte e Vida Severina, *com Jofre Soares*

Capítulo XII

A Rua

Em 1976, fiz uma participação no filme de Hector Babenco, *Lúcio Flávio, o Passageiro da Agonia.* Meu nome nem aparece nos créditos. Mas, a imagem, o que interessa, está lá. As mulheres me odiavam na época. *"Você matou Lúcio Flávio. Ele era tão bonito"*, diziam quando me achavam na rua. Foi um filme de muito público. *"E bonito não morre, não é?"*, devolvia, brincando. Depois fiquei rastejando. Cheguei a dormir três dias no Aterro do Flamengo, porque não tinha como pagar a pensão. Encarei como tudo na minha vida.

Foi duro ter aquela sensação de que te esqueceram. Eu sou um Pixote que deu certo. A vida já era tão dura que, para mim, dormir na rua foi só uma acentuação dramática. Cobria o corpo todo de areia, deixava só a cara de fora, para me proteger do frio e me esconder. Em lugares assim, você pode não amanhecer vivo. Em seguida, voltei e conversei com a dona da pensão.

No Rio, pelo menos tinha uma vantagem, você ficava mal e jogava um futebol, corria na praia e tal. Passei esse momento com aquela sensação de que temos de batalhar por tudo.

Em seguida, vieram pequenas participações em cinema. Em *Coronel Delmiro Gouveia* fiz um trabalhador da roça. A história é contada por quatro remanescentes de uma fábrica. Tem Rubens de Falco, Sura Berditchevsky, Nildo Parente e Jofre Soares. Nildo era o sócio. Jofre, o coronel da região. E Sura, a mulher. Eu fazia o Zé Pó, um personagem da fábrica de algodão. Eu dava depoimento do que acontecia na fábrica, dentro do enfoque social do grande documentarista que é o Geraldo Sarno. Filmamos na Bahia. O cinema da época era esse. Tinha essa vertente de ser contra o sistema, falava dos superados, da realidade, uma boa herança do Cinema Novo. Fui me virando com o pouquíssimo que ganhava.

Capítulo XIII

Seu Piauí

Depois veio *Tudo Bem,* de Arnaldo Jabor. Fazia um trabalhador, Seu Piauí. Eles usavam minha cara mesmo. Esse aí é pedreiro. Eu tinha uma história, um lastro de vida, esse lastro aparecia quando solicitado. Não fazia preparação. Como estava próximo da realidade que eu conhecia, eu vivenciava. Vivia aquilo tudo de novo. Contar o que presenciei era justo com a minha trajetória. Sabia que fazia algo que me faria crescer. Via no cinema uma perspectiva. Essa realidade que eu conhecia me deu a categoria de intérprete. Muito mais do que ator. Vivenciei o que podia testemunhar. Mas quando me chamaram para fazer o bandido, fiz tão bem quanto o operário. E, claro, nunca matei ninguém.

Ou seja, não era apenas questão de experiência. Quando matei, convenci que estava matando. É claro que esse universo está próximo. Quando mato Lúcio Flávio, convenço que estou matando.

Quando morri, convenci que estava morrendo. Em *Coronel Delmiro Gouveia,* era pai de vários filhos. E olhe que eu casei duas vezes, mas nunca tive filhos. Como precisava comer, fazia tudo que aparecia. Não contestava. Se eu morria bem, provava que seria ator.

Na Paraíba, não pensava que seria ator. Nunca nem gostei de representar. Mas me interesso pelas coisas da vida. Cheia de fatos cinematográficos. Achava que tinha algo que servisse aos outros. Nunca fiz um personagem generoso. A não ser em *Kenoma.* Lineu é um personagem que tem uma mensagem de esperança, mesmo assim não é nenhum santinho. Ele está mais para mim. É mais a minha cabeça. E *Narradores de Javé* se identifica comigo na maneira de relacionar com a vida, do deboche, da brincadeira, que realmente gosto.

Quando filmei *Tudo Bem,* não sabia o que era o Cinema Novo. Não sabia que Jabor tinha sido um dos diretores do movimento. Foi um período em que tudo foi muito rápido. Nem sabia se era ator ainda e já estava trabalhando com um mestre como Paulo Gracindo. Naquela época, Jabor já era brilhante, inteligentíssimo. Eu integrava o núcleo dos trabalhadores ao lado de Stênio Garcia e Anselmo Vasconcelos. Era sobrevivência e novidade. As pessoas do *set* me tratavam muito bem.

Eles saíam de lá e voltavam para suas casas. Eu saía e voltava para minha pensão. Paulo era sempre muito cordial. Ele nos dava dicas. Stênio, grande ator, me conhecia de *Morte e Vida Severina* e era sempre muito cordial. Não havia interferência. Éramos um corpo coletivo. Nossos personagens eram um corpo só na estrutura daquele apartamento de classe média. Éramos resultantes do processo socioeconômico. Só em *O Homem Que Virou Suco* que tudo começou a mudar. Antes, eu estava começando a aprender.

Stênio, por exemplo, chegou a me aconselhar que eu soubesse usar o meu biotipo. Portanto, era aquilo de melhor que eu podia oferecer. Fernanda Montenegro, a matriarca da história de *Tudo Bem,* também foi muito agradável.

Um país que tem uma atriz como Fernanda, tem mais é que ter orgulho. Ter uma mulher daquela no *set* era muito bom. É uma mulher iluminada. Fazia a medida exata da mulher de classe média, assim como ela faz brilhantemente a mulher comum, a pobre. Fernanda fez com um brilhantismo enorme. Paulo era agradável o tempo todo. A cena que tenho com eles é forte. A gente se conflita na casa. E lembro que a casa dele não era *"o lugar mais seguro do mundo"*.

A situação estava um pouco melhor. Tinha feito uma participação em *Se Segura Malandro,* de Hugo Carvana. Não tinha contato com a classe média carioca. Mas, na Paraíba, já tinha prestado serviço a ela. Sei que fui bom escravo. Tinha essa relação de servente, de servil. Fiz no cinema, que foi me trazendo outro universo. Essas pessoas também têm angústia, problemas, pensam. Querendo ou não, essas histórias batiam em mim, nunca questionava, iam entrando, depois eu escaneava. É assim que opero. Absorvo emocionalmente e, lá na frente, aparece de qualquer jeito.

Jabor me chamou porque falaram para ele que eu sabia fazer bem aquele tipo de personagem. É um cara inteligentíssimo. Você vê isso em *Opinião Pública,* o melhor espelho da classe média brasileira. Esse documentário devia passar no horário nobre todos os dias. Ele mostrava onde essa classe média, que pensa como pensa, ia parar. Não foi falta de aviso. Stênio tinha biotipo próximo ao meu, mas já era consagrado e tinha suas dificuldades. Sempre foi muito amável. De um espírito muito bonito. Não era de competição, de besteira.

O Jabor curtia o ambiente como um todo. Era um prato cheio para ele falar do mundo com essa interação que ele é capaz de ver. Jabor é capaz de falar das questões nova-iorquinas, da grande burguesia, e da pessoa mais comum. Consegue relacionar favela com Wall Street. A cabeça dele sempre foi assim. Nunca teve fronteira. Sua capacidade de questionar sempre passou por todos os pontos. Acontece de tudo naquele apartamento. Mais síntese do Brasil, impossível.

O Paulo, um dos maiores atores que o País já teve, chegou para mim e disse que Seu Piauí foi muito bom para mim. Significava que eu representava de fato. Ele dava dicas. *"Seu Piauí, se o senhor falar essa palavra nesse tom aqui, fica melhor".* Claro, obedecia. Quando ele foi assistir ao copião e viu uma cena minha, ele disse: *"Esse menino vai ser um dos maiores atores do Brasil".* Ele falou isso para todo mundo. Falou ao lado de Fernanda e me confirmou em outro encontro. Isso me deu um estímulo danado. Era o elogio de um ídolo.

Com isso, começou a aumentar a responsabilidade. O cinema me dava espaço para experimentar de forma direta, mas não me deu escola, uma escola específica. Os diretores trabalhavam de forma muito diferente. Isso foi bom para mim porque eu comecei a criar a minha própria escola, vindo desse lastro emocional extenso da própria vida e coisas que eu sentia necessidade de pegar do exterior.

Nessa fase, eu tive um casamento, de 1978 a 1982. Eu não tinha experiência e não deu certo. Depois eu me separei e casei com outra pessoa, com quem fiquei quatro anos.

Eu tinha uma angústia muito grande. Era a necessidade de formação, de conhecimento. O Estado e a sociedade nunca me bancaram nada. Ainda bem que o cinema me deu. Quando começou a melhorar, fui convidado para fazer *Gaijin – Os Caminhos da Liberdade,* de Tizuka Yamasaki.

Em Gaijin, *com Antonio Fagundes*

Capítulo XIV

O Migrante Nordestino e Os Imigrantes Japoneses

No boca-a-boca, passaram a me considerar uma espécie de Jofre Soares novo. Era a faixa mais jovem de representação desses papéis. Então, Tizuka me deu o papel de Ceará. Ele trabalhava na fazenda do protagonista do filme, vivido por Antônio Fagundes. Pela primeira vez na carreira, eu pude improvisar como gostaria. E, o melhor, em um personagem muito bonito. Tizuka me deixou à vontade.

Nas cenas de apanhar café, tinha o texto do roteiro, mas eu acrescentei um sabor poético. A forma que ele explicava ao japonês como colher café sem machucar é interessante. Falava um português errado com uma sonoridade bonita. Nos papéis primeiros, eu não tinha espaço nem liberdade, nem maturidade, para me colocar, porque os papéis eram operários, bandidos, vistos da ótica da classe média.

Em *Gaijin,* ele tem sua própria expressão e me deu o primeiro prêmio em Gramado, o de melhor ator coadjuvante.

Trabalhei a estrutura das palavras de acordo com que eu imaginava que fosse, para que elas ficassem mais saborosas e mais gostosas de ouvir. Tizuka sabia que o roteiro tinha sido feito por pessoas do Sul. Então, quando um personagem me perguntou *"Como é a Paraíba?"*, eu respondi que era *"uma mulher bonita com um vestido velho e rasgado"*. Ficou bonito. É como imagino a Paraíba. Simples, pobre, mas com uma cultura imensa. Dei esta fala para o filme. É o japonês falando da terra dele e eu da minha. A descrição de beleza é outra. Não falei de macaxeira, nem de inhame. Dei uma descrição universal. Uma imagem para que você reconheça. Esse Estado representa uma ancestralidade para mim. Os meus pais, os portugueses, os espanhóis, os negros e, principalmente, os índios.

A cena da colheita de café também estava escrita. *"Não pode puxar, se puxar arranha"*. Tizuka deixou eu interpretar do meu jeito. Não era mais um operário sofrido, continuava sendo um homem da roça, mas era uma transcendência, uma criação em cima do que era proposto. Soltei um *"não pode pegar a árvore e puxar, se puxar a planta morre".* Tinha uma sintonia. Queria dar a Ceará essa carga, essa voz, esse volume. Queria que saísse naturalmente. Aí, ele vai explicando e a cena fica divertida.

João Batista de Andrade estava no júri de Gramado. Depois, ele me chamou para *O Homem Que Virou Suco.* Foi Ceará me dando outro personagem. Não fui a Gramado. Ainda era *Kombistar.* A estrela que anda de Kombi. Sou até hoje. Em 1979, tinha ganhado um prêmio por um especial da Globo, com *O Inimigo Público Número 1 - O Paraibinha.* Em Gramado, a reação da platéia foi boa, segundo me contaram os amigos. Aí comecei a perceber a tragicomédia na alma do brasileiro.

A minha história começou a mudar. As necessidades, os medos, as inseguranças se amontoavam.

Começava a ter que dar o que eu não tinha aprendido a dar. Antes do *Gaijin,* tinha feito um especial que foi um sucesso estrondoso na Globo. Era o piloto de uma série *Plantão de Polícia.* Foi dirigido por Daniel Filho, com quem eu trabalhei com Os Trapalhões depois. O primeiro episódio foi *O Inimigo Público Número 1 - O Paraibinha.* Era a história de um trabalhador que morava numa favela, sai de casa para levar a televisão para consertar e a polícia o prende porque ele estava sem documento. Caiu numa prisão, onde os bandidos estavam preparando uma fuga, e levaram ele junto, que acabou metralhado pela polícia. Estava dentro desta carga dramática da sociedade que a gente vive. Com Tizuka foi mais suave, porque podia me expressar.

Tive uma fase de pontas. Em *Se Segura, Malandro* (de Hugo Carvana), fazia uma ceninha só. Hugo é um centro de afetividade. Ele me chamou para fazer um cara que vende um papagaio. Teve *J.S. Brown – O Último Herói* (de José Frazão). Em *Amor Bandido* (de Bruno Barreto), faço um bandido que vai detonar o outro. Era o que sobrava para mim. Por outro lado, trabalhei com essa safra de gente toda. No filme de Bruno Barreto, dou a descrição do crime. Entro na delegacia e descrevo. Fiz todos, porque queria trabalhar. Foi legal. Mas nunca pude me expressar. Só a partir de *Gaijin* que eu pude me colocar. Variar.

Capítulo XV

O Homem Que Virou Suco

Depois disso, a carreira andou. Em 1979, eu comecei a fazer *O Homem Que Virou Suco.* Claro que deu trabalho. Podia chegar lá e fazer de qualquer jeito? Não. Queria contar a história do meu povo. E sabia que se fizesse mal poderia voltar a dormir no Aterro do Flamengo. João Batista me deixou muito à vontade. O episódio da Globo me deu um status danado, porque era de Daniel Filho.

Nesta época, eu estava construindo a casa do meu pai. Fiz sucesso para comprar a casa dele. Não acreditava que alguém pudesse morar num lugar como aquele em que ele morava. Como essa droga aqui onde eu moro, não dá para morar aqui e achar bom. Nunca quis morar em palacete. Mas esse apartamento (um quarto e sala no Catete, Rio de Janeiro) não tem quintal, não bate sol, está fora da condição humana. Fiquei dois anos sem tomar um copo de cerveja para fazer a casa do meu pai. Todo dinheiro que eu ganhava ia para lá. Era o que eu podia fazer por ele.

Depois da casa do meu pai, tentei resolver a da irmã mais velha, Nazaré, que vivia no meio do mangue e me ajudou muito quando era mais novo. Ela, sim, vivia em condições horríveis. Foi essa irmã que, quando éramos crianças, achou um sapato furado no lixo, mandou consertar e me deu de presente. Foi o meu primeiro calçado. Eu digo, às vezes, que sou miserável C. Nem pobre sou. Que não se enganem os ricos. Sei. Sei qual é o jogo. Fui vivendo modestamente e fazendo tudo para eles lá. Até em 1986, quando modifiquei minha maneira de me relacionar com o passado, com a família. Não queria ser conhecido como sobrevivente, porque o sobrevivente tem muito pouco a oferecer além da sobrevivência. Tudo que eu ganhei fui repartindo. Parte para mim, minha família e parte para casa.

Até então vivia um sonho. Aí João Batista de Andrade me deu um papel de protagonista em *O Homem Que Virou Suco.* Eram os dois papéis. Batista é um homem cultíssimo, documentarista brilhante, com todo embasamento de *O Capital* (Karl Marx), de relações de trabalho, totalmente letrado, de alta cultura. Ele sacou que o que eu tinha de lastro de história era útil ao filme. Que podia de alguma forma transfigurar em cima. O contexto socioeconômico e histórico, João Batista tinha na cabeça. O que talvez pegasse era como transformar isto numa coisa poética. Era onde entrava o personagem do poeta Deraldo. Um poeta popular. Pude mostrar o que eu era capaz de fazer. Por outro lado, não podia ser uma obra alienada. Não era *"vai lá e faz"*. João Batista queria um filme que eu pudesse transcender em cada cena. Não era só fazer o operário e o poeta. Sempre gosto de dar uma contribuição.

No início, o processo de criação era uma tormenta, angústia, flechada de parte a parte. Nessas horas, quando estou ligado, eu crio. Fiquei na casa de João Batista. Tirava todas as dúvidas com ele. Passava a noite perguntando, para não correr risco de minha visão ser uma e a dele outra. Ele não queria um cara que fosse só ator, e pronto. Há uma liberdade poética na morte do patrão. O operário foge para a gente contar a história. É muito legal trabalhar com Batista. Ele ligava a câmera e você ia. Deixava solto. Quando tinha texto, era dito, quando não tinha improvisava, e pronto. Trabalhando, alcançava meu inconsciente.

Se eu quero, vou lá na fonte. Às vezes, vem. Também vem errado. Isso gera uma responsabilidade tremenda. O poeta Deraldo e o operário Severino eram bem diferentes. Um representa a liberdade, como eu gosto de ser. Outro, não. A relação é bem popular. *Quando tiver dinheiro, pago,* como Deraldo diz na mercearia. Tudo estava dentro de um padrão emocional que eu criava. Senão, não funcionaria. A cena do elevador, por exemplo, aconteceu em São Paulo. Batista colocou no roteiro dele. Uma cena com Denoy de Oliveira. Quando foi a hora de esculhambar, ele disse: *"Agora um esculhamba o outro"*. Aquele audiovisual que está no filme, apesar de preconceituoso, passava no Metrô de São Paulo. Severino perdeu a identidade e virou um operário padrão. Deraldo foi tentado, mas não caiu.

Como ator, queria falar do meu povo de forma correta e poética. Na cena do corredor dos bois, na qual Deraldo imagina no caminho do refeitório uma passagem para o curral ou para o matadouro, ele pira. Até então, ele não reagia. É uma das cenas mais violentas da história. O filme começava a virar suco. O social, o homem esmagado pela cultura fabril. Por mais que eu tivesse passado por isso na pele, tinha que vivenciar para expor na tela. Colocar conceitualmente. Não podia ser alienante, também. É brechtiano. Você está lá, compreende, mas não fica "ah". Não é uma fantasia a serviço da escravidão. A fantasia, quando mal usada, sempre escravizou.

Ali, naquele corredor, tinha um sentido. Quando chegamos lá, Batista disse: *"Primeiro você passa aqui".* Um dia antes, percebi que esse corredor, que parece um matadouro, vai desaguar em um restaurante, era como se fosse o restaurante do Metrô. Antes, ele tinha visto o audiovisual barra-pesada. No meio, teve essas reações. O audiovisual era para estruturá-los à maneira deles. Uma nova moldagem de homem. No outro dia, ele cortava para fila. As pessoas indo para o almoço. Aquela coisa cheia de gente. Ele dava noção de boi, boiada. Batista cortava e mostrava o significado da cena, operário como escravo. Falei: *"Batista, vamos passar pelo meio".* Não me considerava um ator suficiente para passar ali e passar uma mensagem e tal. Então veio a idéia de ir escorando ali. Ele conhecia o boi. Por que não fazer o boi? Daí, ele enfia a cabeça mesmo. Batista gostou. É uma das tomadas que eu me orgulho de ter feito na vida. Esta imagem estava lá dentro. É uma emoção cancerígena. Se você não botar para fora, vira câncer.

No outro dia em que ele corta, todo mundo entende por que ele está imitando o boi. Aquele audiovisual todo foi um processo muito difícil. Tem umas gradações menores. É claro que eu perguntava muito. Era a história de um homem esmagado pela sociedade. Eu tinha passado por aquilo. Era uma desforra. Da vingança. Então, sempre travei com os filmes um bom combate. Se errasse, estaria banido.

Com João Batista de Andrade,
em O Homem Que Virou Suco

Recebendo o Candango no Festival de Brasília

Capítulo XVI

Morte e Vida Severina

Com *O Homem Que Virou Suco,* ganhei o Festival de Brasília, tive o prazer de saber que o filme foi Medalha de Ouro no Festival de Moscou, que era importante na época. O troféu que Batista recebeu de prêmio foi mais caro que o filme em si. Ganhei o Festival de Huelva, na Espanha. O filme fez sucesso nas ligas operárias na França. Na então União Soviética, ele foi visto numa cadeia de 120 mil cinemas. Nesta época tinha o Leste Europeu. Provavelmente, sou mais conhecido lá do que aqui. Era um filme totalmente a favor deles, do proletariado, do que ocorria em Moscou naquele período.

A partir daí, houve uma guinada na minha história. Teve umas séries da Globo, como *Lampião e Maria Bonita* e *Morte e Vida Severina.* Foram muitos trabalhos nos dois anos seguintes. *Morte e Vida Severina* era muito bonito. Foi um sucesso destes que não se repetiria hoje, porque o Brasil está muito superficial. Por isso, quando João Cabral de Melo Neto morreu, a reprise não teve tanta audiência. Os jovens não gostam, porque não têm contato com a literatura. Para eles, têm de ser engraçado, divertido. O que pesa é isso. Quando colocaram *Morte e Vida Severina,* não fez sucesso. O brasileiro não gosta do denso e pesado. *O Auto da Compadecida* fez sucesso entre os jovens porque era uma obra-prima, mas também porque era engraçado.

Nessa fase de superficialidade, de culto à televisão, a meninada simplesmente não entende nada mais sofisticado. *Morte e Vida Severina* é um estado de alma. Um estado de alma do nordestino. Aquilo é fatalista. É um fatalismo que estava a vida inteira em mim, mas me incomodava. Quando comecei a romper com aquilo, vi que poderia mudar. Neste sentido, eu prefiro obras como *O Homem Que Virou Suco,* que diz "a gente pode mudar". Há condições. De qualquer maneira, *Morte e Vida Severina* fez um sucesso estrondoso nos anos 80. E realmente era um especial muito bom. O melhor deles, para mim, como espectador, foi *O Auto da Compadecida.*

Eu era muito ingênuo. Pensava que, ao mostrar *Morte e Vida Severina* para o Brasil, as pessoas veriam com uma capacidade de leitura maior, com força emocional capaz de tocar o coração delas a ponto de ajudar a resolver as questões do sertanejo. Porra nenhuma. Era mera noção de espetáculo. Sonhava que ajudaria a resolver com o meu trabalho. Ao mesmo tempo, é uma obra belíssima. Me decepcionei muito aí. E o diretor do especial, Walter Avancini, era muito chato de trabalhar. Era intolerável como pessoa, embora fosse um profissional brilhante.

Avancini não dava espaço algum para improvisar. A gente fazia o que ele queria. De qualquer forma, seria injusto eu improvisar em *Morte e Vida Severina.* O texto é uma obra-prima. Tinha uma forma. Levar uma obra daquela para a televisão não era fácil. Trazer para o tom. Sebastião Vasconcelos fazia o mestre Carpina. É aquele tipo de ator que, quando fala, você viaja. Tinha Elba

Ramalho e Tânia Alves. Nordestinos defendendo o Nordeste. Até que Tânia fez *Lampião e Maria Bonita.*

O seriado foi rodado em Pernambuco. Avancini fez o caminho do personagem. Ele tinha essas sacadas boas. Veio lá de cima, descendo. É muito bonita a viagem que ele faz do sertão, a partir do texto de João Cabral de Melo Neto. A chegada em Recife. As favelas se formando. Tenho certeza que hoje só aceitariam *Morte e Vida Severina* se fosse com atores novos e bonitos e com todos os efeitos especiais que eles têm. O modelo é outro. A alma de tudo, agora, é a estética.

Quando acabou *Morte e Vida Severina,* por mais que eu fizesse diferente, começaram a me rotular. *"Ah, ele só faz isso",* diziam. Não podia parecer o cara do Sul, esteticamente. Meu biotipo não era aquele. Nos dois papéis de *O Homem Que Virou Suco* já estava claro que podia fazer muito mais que nordestinos.

Denoy de Oliveira e João Batista de Andrade tinham escrito histórias parecidas na mesma época. A de Denoy, *O Baiano Fantasma,* era um cordel sobre a solidão em São Paulo. Batista fez *O Homem Que Virou Suco* primeiro, onde contracenei com o próprio Denoy, meu chefe na construção de um edifício. Ele chamou várias pessoas para o papel de Lambusca. Como elas tiveram problema de agenda, ele me convidou. Gostei muito do papel e das filmagens. Denoy era o máximo: uma simpatia.

Em O Baiano Fantasma

Tive menos tempo para trabalhar do que em *O Homem Que Virou Suco.* O próprio texto era muito marcadinho. Por ser em verso, tinha que sentir a estrutura do texto. Denoy deu ao Brasil uma língua. Dizia: *"Quero que o Brasil fale rimado, em forma de poesia".* Isto está no texto do filme. *O Baiano Fantasma* tem esse charme. Gosto muito da passagem do japonês. É uma cena em que eu apareço bêbado descendo a ladeira, enquanto um japonês sobe para ir para o trabalho. Uma tomada maravilhosa saída da cabeça desse gênio brasileiro que era Denoy de Oliveira.

Capítulo XVII

O Modelo

Até a Última Gota foi um dos primeiros filmes de Sérgio Rezende. Era a história de um cidadão que doava sangue até morrer. Ele reconstruiu o fato e me fotografou como se eu fosse esse cara. Sérgio estava começando a carreira. Trabalhei com ele depois em *O Sonho Não Acabou* e *Onde Anda Você*. Aliás, não suporto a participação em *O Sonho Não Acabou*. Ficou horrível. Fiz uma piada particular, que não ficou boa. Falei *"Meu nome é José Dumont"* com uma voz estranha. Na cena, levo Lauro Corona lá para cima do prédio. Errei. Fui no tom errado. Achei que era engraçado. Era para mostrar os meninos cheios de maconha. Era uma piada. Levava para mostrar o pôr-do-sol em Brasília. Achei que cabia. Era uma viagem. Não funcionou. Admito. Sérgio sabe que gosto do filme, mas odiei minha participação. Meu humor funciona quando é para entrar ou sair de uma situação. É mais chapliniano, mais emocional.

Quando tento fazer por fazer, não fica direito. Se fosse um filme de Affonso Brazza, tinha dado certo. Não era o caso.

As dificuldades me levaram a ter decisões fortes. Nunca quis ter filho, por exemplo, porque nunca tive auxílio de ninguém. Tinha minhas responsabilidades na Paraíba. Este apartamento mesmo eu só comprei em 1996. Se eu tivesse investido para cá, teria conseguido mais. Sou emoção de ponta a ponta.

Deixei para investir na carreira depois. Então, ficou custoso. No Brasil, filho é motivo de extorsão. Brasileiro, como escravo que é, não questiona. Nossa classe média é tão burra que paga escola do filho para ser superior ao pobre. Quando eles deveriam cobrar e exigir a educação que a Constituição garante.

Numa profissão como a de ator, difícil para todo mundo, como é que eu ia ter filhos? Não tinha uma carreira de "ganhou dinheiro, virou galã e pode brincar com a vida". Sou Paraíba, baixinho e feio, na ótica deles. Na minha, sou apenas assimétrico. Se não disser nada, a gente te tolera. A verdade era essa.

Passando pelo que eu passei, ficava difícil pensar em filhos. Para botar um menino no mundo, eu teria que ter condições de criá-lo bem. Se eu morasse na Suécia ou na Noruega, sim. Devia passar documentários sobre a Noruega todo dia no Brasil. Lá não tem pobre. Há um nível mínimo de condições sociais.

Nunca pude tratar minha carreira de outra forma. Não tinha maturidade. Não fomentei minhas linhas de crescimento. Nunca pensei em fazer meu filme, virar pintor, etc. Tanto é que só fui fazer papéis engraçados mais recentemente. Nunca fui atrás de dirigir. As pessoas fazem isso. Nunca fiz. Tinha medo de fazer mal feito. Fiquei muito tempo nesta história de ser ator, ator, ator...

Capítulo XVIII

O Teatro

Fiz poucas peças em toda a carreira. Fora aquelas em São Paulo, no comecinho da minha vida artística, fiz *Fábrica de Chocolate,* de Mario Prata, sob direção de Ruy Guerra, em 1986. O texto era sobre tortura e se passava numa prisão. Com Ruth Escobar e Rolando Boldrin no elenco. Era uma metáfora da ditadura. Tocava nestes assuntos. Foi uma tentativa de voltar ao teatro. Não deu certo. Não tinha sido criado no palco, debaixo de luz. A relação com a platéia, até por timidez, nunca foi meu forte.

A peça foi bem em São Paulo. Ficamos oito meses lá. Não tinha aprendido a linguagem teatral. E o teatro é forma por excelência. No cinema, usava minha cara. Eles diziam: *"Ela serve para dar dimensão da nossa miséria".* No teatro, tinha que ter um preparo vocal. Vi que o que eu tinha para dizer seria mais forte no cinema. Por isso, minha passagem pelo teatro foi curta.

Em cena de Fábrica de Chocolate

Mais na frente ainda tentei fazer *Canudos* com um pessoal do Ceará, que não acabou bem. O espetáculo era dirigido por B. de Paiva, com quem trabalhei em *Tigipió – Questão de Amor e Honra* (de Pedro Jorge de Castro). O processo foi muito ruim. Aquele desgaste de palco, de camarim, que não suporto. O outro ator era o cearense Ricardo Guilherme e Carlos Tamanini, que se tornou um dos meus melhores amigos e hoje vive nos Estados Unidos. Ricardo, ótimo ator, era amigo, mas por conta da peça nossa relação acabou. Nunca vivi em grupo. Com o pessoal de Luís Mendonça fiz uma viagem pelo Brasil. Em *Canudos,* tive que participar, ir atrás de captação em Brasília, esse tipo de coisa que não sei fazer. Até a peça ficar pronta, foi complicado. Estava casado e a mulher reclamava do tempo que eu investia no projeto. Quando voltei, acabei me separando.

Em *Canudos,* o movimento é um evento emocional, elevado à décima potência. *Canudos* é Canudos de ponta a ponta. Ricardo escreveu como se fosse um jogral. Cheio de narradores. A gente fazia uns cinco, seis papéis. Virou um recital. B. de Paiva, sempre muito engraçado, chamava de conferência cênica. Talvez, se tivesse sido feito de outra forma, tivesse sido melhor. Não bastasse, o clima não era bom na equipe. Me indispor não é minha praia. Faltou paciência. Mesmo assim, apresentamos a peça no Ceará e no Rio de Janeiro. Só me distanciou do mercado de cinema, que já estava difícil. Imagina o que era recitar textos de *Os Sertões,* de Euclides da Cunha. Se você pegasse atores com ótima capacidade de ler texto, como Paulo Gracindo, Lima Duarte, Raul Cortez, provavelmente ficaria excelente. Na minha voz, nunca. Não me batia, porque não achava que Canudos fosse aquilo. Foi muito ruim. Então, minha experiência no teatro acabou traumática. Talvez um dia eu tente fazer outra vez para aprender.

O cinema está se disseminando pelo País. Isso é bom. Eu posso viajar. De modo geral, as peças que vi recentemente não acrescentam muitas coisas. Hoje a gente só vê peça de casal se digladiando no palco. São temas que não me fascinam. Gosto das cenas da vida. Nas cenas que faço no cinema, me mato, mas não preciso repetir depois. Até porque, na segunda semana, não tenho onde buscar mais emoção. Fazer isso no teatro seria muito difícil. Se eu tivesse feito o Conselheiro como eu queria! Lemos tudo que tinha sobre ele. De *Os Sertões* a livros sobre cangaço e cordéis. Na peça, não tinha onde botar. Começaram os problemas de ambiente. Intoleráveis.

Em cinema, passei por coisas chatas, que duraram um dia, dois. Como o diretor que mandou eu correr com a parte de cima rápida e devagar com a de baixo. É de lascar, não é? Seria uma sombra do personagem. Com tanta capacidade de pensar do cinema, às vezes tem esses buracos. Falei: *"Ah, você quer que eu ande ansioso?"*. Ele respondeu: *"Quero que você corra com a parte de cima e ande devagar com a parte de baixo". - "E se a parte de cima chegar antes?"*, respondi. O cara queria fazer desenho animado. Ainda perguntei se ele tinha estudado Física. Se eu fizesse aquilo, ia bater com a cara no chão. Foi o mais engraçado que já me pediram. Por fim, disse que não tinha competência para tanto.

De qualquer maneira, isto é uma vez. É claro que eu erro também. Nunca tive relação com o palco, de fazer shows domésticos, de me apresentar para as pessoas. Com a câmera, é diferente. Está lá. Você vai embora e ela fica. A verdade é que eu não estava seguro para fazer teatro. Enfoco a vida de outra forma. Se for ler algo sobre o signo de juazeiro, então eu falo de juazeiro. Podia ser a enxada, o sertão, a Paraíba, a seca, a carne-de-sol, o bode. O símbolo mais forte seria o juazeiro. Quando eu queria voltar para o Nordeste, voltava via juazeiro. O pé de juá é sagrado para mim.

Capítulo XIX

Cadernos do Passado

Um dia resolvi destruir meu passado. Peguei um caderno e comecei a escrever, aplicando uma espécie de neurolingüística. Desenhei a casa do meu pai e fui destruindo. Mas sempre fica algo. Uma madeira grossa sempre registra. Não dá para destruir o passado. Brinquei com essa imagem na vida. O que ficou foi o símbolo maior da sobrevivência. Aquilo sobrevive ali, o arraigado, o juazeiro, que é uma árvore fascinante. Ela dá folha, fruta que o passarinho come, é muito comum nas secas ver bodes, cobras e ratos descansando em sua sombra. Até para namorar é bom, como bem cantou Luiz Gonzaga.

Nunca fiz um personagem que dissesse o que gostaria de falar da terra. Fiz o sofrido, o interessado, o aflito, o interesseiro. Não falei ainda da terra como gostaria. Nem sobre Justiça. Sobre o ato de ser generoso, de se doar, acho que só em *Kenoma*. Aquela máquina, em que você podia tirar energia no próprio movimento, era maravilhosa. Não estou interessado, por todo respeito que tenho por *Carandiru* (de Hector Babenco), em ver dia-a-dia de preso. São meras relações dramáticas. Tem tanto tema interessante. Para mim, vale mais saber o quanto eu pago para ter um presídio daquele lá. Como dramaturgia, vou lá, mato, morro, dou grito, etc. Em *Kenoma,* vi que podia viajar no limite de Lineu. É um limite que eu gosto. Poderia transgredir e ainda servia ao ser humano. Quando fiz, pensei *quem dera fizesse isso no Nordeste*. Por que só eletrificam? Por que só usam energia elétrica, que acaba com os rios e as matas? Por que não usar energia eólica, solar e a retirada dos gases do lixo? Fui vítima disso. O sertão de hoje, cada vez mais semi-árido, é resultado da devastação da Mata Atlântica. Por que não começam um filme aí? Nunca vimos em nenhum filme nacional, sobre qualquer tema, se falar sobre isso. Onde está essa linha de conflito? Não vemos personagens imbuídos deste conceito. Por que acontece? Por isso. Por que está seco? Porque desmataram o litoral. Por que ficou mais seco? Porque desmataram os rios. Por que vai ficar mais seco? Porque fazem cidade de 70 mil habitantes onde não tem água para 5 mil.

Em cena de Kenoma

Tem que se fazer dramaturgia que mostre isso. Aí, o teatro fica falando de conflito de casal, de psicologia barata. É ótimo de se fazer, mas não diz nada. Essa combinação natureza, justiça, sistemas, tão interessantes ao homem, você vê sempre tratado por um prisma que produz um foco emocional. Não vai além disso. É o caso de *Paixão de Cristo,* de Mel Gibson. O que aquilo quer dizer? Nada! Ninguém sabe se foi daquele jeito, se ele morreu na cruz, se ele deixou de morrer. Por que eles não procuram saber? Porque eles não vão a fundo na história, se fossem eles saberiam o que aconteceu. A única significação do filme é a de que, quando um sistema escolhe um indivíduo para vítima, ele é massacrado.

Com a questão do índio é igual. Se a gente visse que a sociedade indígena é mais evoluída do que a nossa e caminhasse em direção dela, a sociedade melhoraria. Não tem como trazer os índios para cá. Índio não consegue ser branco. Ele se mata. Na lei da natureza, não há esse tipo de retrocesso. É a lei da evolução. O padrão de energia deles é mais evoluído. O branco trabalha na direção do ter e o índio vai sempre na direção do ser. Como eles vivem em comunhão com a natureza, eles acabam usufruindo desse paraíso. Tudo que o homem se mata para ter, o índio faz de forma relaxada.

Eles desenvolveram a sabedoria de viver com a natureza. O índio vive nu. Tudo que não serve, ele tira. Tudo que incomoda, que está a mais, ele tira. É a busca da simplicidade. Portanto, a busca do paraíso. Índio não bate em criança, não briga à toa, não discute, não tem chefe, não tem poder. Eu sei que um cacique nunca dirá: *"Eu faço isso, fulano faz aquilo"*. As pessoas conversam e, no outro dia, cada um sabe o que deve fazer. Uma comunhão que o branco não alcança. Eles exorcizam os problemas cantando e dançando. Um dia eu acho que os índios vão ser extintos mesmo. Mas, quem dera, as sociedades fossem parecidas com a dos índios.

Talvez, hoje, eu use melhor o fato de ser um ator com potencial dramático e de humor. A minha escola seria a tragicomédia, mais criativa. Quando eu leio o roteiro a primeira vez, a minha tendência é jogá-lo fora. Leio. Eu pego e deixo as coisas ficarem dentro de mim. Tenho meus portais para guardá-las. Depois, vou reprocessando. E aquilo surge de novo com outra cara. Acho que sou melhor "ledor" do que leitor. Eu olho e vejo se enquadra. Um dia, leio uma situação. Depois, se eu for começar a descobrir como é que foi, eu me quebro. Sou muito ligado. Olho, vejo e ouço. A máquina é minha, eu que opero. É necessário que o que esteja lá fora seja lido, visto ou ouvido. Há um processo de sensorização dentro de mim.

Normalmente, eu só começo a operar quando eu começo a produzir. Os diretores me chamam para ler texto. É uma besteira. Respeito o ritual do cineasta. Mas não tem muito efeito comigo, porque não nasce em mim. Quando eu começo a trabalhar com um diretor, quando o filme começa a rodar, vira uma cascata. Vem tudo numa profusão de imagens, acontecimentos, atitudes. É mais ou menos assim que eu trabalho.

Capítulo XX

Porre Emocional

Reencontrei Aloysio Raulino, fotógrafo de *O Homem Que Virou Suco,* em *Noites Paraguaias,* que ele dirigiu. Acho que foi o primeiro filme sobre o Mercosul. É uma história muito comum de personagens que vão e vêm. Eu só entrava para fazer um garçom em duas ou três cenas. O garçom era um ex-alcoólatra que, quando trabalhava no bar, o diabo aparecia cantando *Saca-Rolha (as águas vão rolar...).* Eu ganhei o prêmio do Festival do Rio de Janeiro e Roberto Bonfim, que estava com *A Difícil Viagem,* de Geraldo Moraes, também ganhou.

Sempre que o garçom entrava em uma festa, o diabo aparecia, começava a tocar. Muito lúdico e engraçado. Embora ele tivesse parado de beber, o diabo voltava para atormentá-lo. As cenas com bebida têm de ser feitas de uma forma técnica. Você vai se envolvendo e seu organismo vai, de alguma forma, adquirindo as sensações de embriaguez. A emoção vai aumentando, aumentando, a ponto de umedecer os tecidos e relaxar. Não bebo nada, mas sei como um bêbado faz. Para não fazer imitação, caricatura, eu vou tomando um porre emocional. O organismo responde a esse tipo de provocação. Não sei explicar. Não penso em nada. Você produz adrenalina quando está com medo; endorfina quando está alegre; e, quando é ator suficiente, produz altos índices de alcalóides. Se a emoção é verdadeira, o organismo reage.

O resto é técnica. Você tira o foco. Você desfoca o olho para falar, dando a impressão que tomou um porre. Eu passo isso melhor no Biá, em *Narradores de Javé.* Era um porre alegre. Quando a gente está triste, nosso organismo produz uma série de minerais pesados. Quando estamos alegres, ele produz minerais leves. Então, se você estiver instigado emocionalmente, é possível chegar a determinados pontos. É como se, de alguma forma, ele liberasse as glândulas para produzir esses estados líquidos. Nós somos 70% água. E a emoção é muito ligada aos nossos processos líquidos. Parece simples, mas não é. Tem gente que faz muito melhor do que eu. Por outro lado, as minhas sintonias não são boas. Normalmente, eu me fragilizo muito quando entro nos personagens. Por isso, prefiro as situações mais leves. Reajo como se fosse verdadeiro. Em *Abril Despedaçado,* eu passei três meses ruins depois das filmagens.

Em *Parahyba Mulher Macho* (de Tizuka Yamasaki), eu só entrava em uma cena e depois iria morrer. Ali, não tinha o que desenvolver no personagem. As outras cenas entram como volume de emoção. O personagem está preso, sabe que vai se dar mal. Haverá um julgamento em que ele e o amigo sairão perdedores. Nunca tive problema com Tizuka. Ela sempre dirigiu muito bem, entende muito de câmera e gosta da gramática do cinema. É uma diretora que sabe o que quer e colhe o suficiente. Se ela mandar você passar aqui, você passa, porque ela só quer aquilo. Neste sentido, a escola brasileira é muito rica e, ao mesmo tempo, muito diversificada, o que é o nosso grande problema.

Tem o naturalista, o realista, o expressionista. Tudo o que o cinema do mundo faz, cada um faz de um jeito no Brasil. Um seguiu o Bergman; outro seguiu Pasolini; outro seguiu Fellini; outro segue a escola americana. Toda vez que você chega em um *set*, tem que saber qual a escola do camarada e se adequar à dele.

Eu não gosto de coisas muito amarradas. Se o trabalho é amarrado, eu faço, mas prefiro solto. Neste sentido, Eliane Caffé me compreendeu muito bem. Como João Batista, ela me deixava fazer na hora. Na minha opinião, o roteiro é uma base, um caminho a ser seguido. Se o roteiro estiver muito bom, você tem um filme brilhante. E se não estiver? Com certeza, você vai se amarrar ali e fará um filme ruim. Os americanos, como são muito bons contadores de história, gastam milhões e milhões para contar aquela história que já foi absolutamente definida e testada no roteiro. Todo o esforço é para fazer o que está escrito. Está tudo pesquisado. É diferente. Nunca tivemos recurso para trabalhar assim. Portanto, não desenvolvemos este tipo de escola. Somos criadores com densidade e poesia.

Central do Brasil (de Walter Salles), um filme brilhante, é denso demais para eles. O que os americanos fazem é indústria. É um cinema de entretenimento. Não tem nada demais. Por isso, os ianques desenvolveram uma escola de direção neste rumo. Eles também têm filmes bons. Não dá para dizer que Francis Ford Coppola e Martin Scorserse não sejam maravilhosos.

O cinema brasileiro desenvolveu sua maneira de fazer cinema. O nosso espectador, já senti, gosta muito da tragicomédia. Quando ele pega um filme complicado, muito elaborado, ele sai antes do final. Temos um espírito alegre. Se nós formássemos uma indústria, teríamos a vantagem de ter uma escola variadíssima. A grande massa brasileira prefere o entretenimento, puxado para o lado da comédia. A não ser que seja um Michael Moore da vida, diretor de *Tiros em Columbine* e *Fahrenheit 9/11*, que fala de assuntos sérios. Você vê que ele sai da lógica americana com aquele plano em que Bush passa sete minutos lendo a história de uma cabra, quando é informado do atentado ao *World Trade Center*, em Nova York.

Se aquilo fosse cortado logo, não passava nada. Michael Moore deixou até o personagem dizer o que quisesse. É um plano bem brasileiro. A chanchada teve produções interessantíssimas. Era divertimento de ponta a ponta. O Cinema Novo trouxe o povo para dentro do cinema. Temos clássicos maravilhosos, como *Rio, Zona Norte* (de Nelson Pereira dos Santos). Era época da virada do País com Juscelino Kubitschek. Houve uma empolgação com uma geração que pensava no País como um todo.

Com a saída de Juscelino, entrou o Jânio a não sei quantos mil Quadros e veio o golpe de 64, que acabou com aquele momento. JK teve um governo bom que inspirava e puxou as pessoas de uma geração que produzia. Depois, a ditadura foi quebrando tudo. O Tropicalismo, que fazia parte do amadurecimento desta geração, foi exceção. A ditadura proibiu tudo e matou, mas não vetava a pornochanchada. É fácil entender, a pornochanchada favorecia o cinema norte-americano, o que era interessante para os militares, que rezavam a *bíblia* ianque. Então, acho, houve uma perda da motivação naquela maneira de pensar conjuntamente e em liberdade. Dessa forma, cada um foi desenvolvendo sua escola. E a música fez a sua. O grande barato foi ter diversificado. O povo brasileiro, pelo seu tom, gosta de rir.

No dia em que o brasileiro descobrir a sua força, no dia que apostar na sua miscigenação, seremos ricos. Que o gigante do Hino Nacional, no dia que ele acordar, que acorde mestiço. Temos tudo que o africano nos trouxe e tudo do branco. Essa mistura faz com que a gente seja raça forte. O Brasil é moreno há muito tempo, mesmo que não assuma. Quer ser o que manda o capital. Nosso grande valor é exatamente ser cruzado, mestiço. Temos DNA triplo como ancestralidade. Por isso, somos tão criativos, tão bons em todas as áreas, ponta em tudo, mas a base de nossa grandeza é o índio.

Como houve esse empobrecimento, a ditadura criou três gerações do jeito dele. São os filhos de *Matrix* (de Andy e Larry Wachowski).

O que primeiro se vende em um país é a sua cultura. Se você consome um filme americano, você vai consumir produtos americanos, a geladeira, o fogão, etc. Se não temos uma cultura para vender, viramos meros compradores. A gente tem uma pulsação de torcedor de futebol. Nada contra. Tenho simpatia pelo Treze da Paraíba e o XV de Jaú e gosto muito de futebol. Se não vende a cultura, não vende nada. Por isso que os americanos investem tanto no domínio cultural. As TVs e o cinema só passam filme americano. E os produtos são de lá.

Então, se mostra dança de rua americana (*street dance*), muita gente vai achar maravilhoso. Se mostra uma ciranda, um coco-de-roda, vão achar que não. É uma manifestação belíssima. Não tem coisa mais bonita, mais sensual que um grupo de roda. Não se faz, porque não é de fora. Ocorre o mesmo com o samba, em menor escala. Somos mestiços. Quando você vê essa estética, associa ao que vem de fora. Nossa referência de beleza deveria ser mestiça. Mas nossa sociedade não cultua isso.

Um conjunto de rock bota 70 mil num campo de futebol, se for estrangeiro. Se for local, muito menos. E um tocador de viola? Um desfile de ciranda? O samba não bota, exceto durante o Carnaval.

O único povo do mundo que consome sua cultura é o indiano. O cinema indiano é forte. É o único cinema do mundo que não precisa de Estados Unidos nem de ninguém. O indiano gosta da própria cultura. Não importa se é uma cultura religiosa. Não importam os temas. As pessoas vão ver, porque os filmes são deles e os mostram como são ou sonham ser.

Temos uma produção diversificada. Cada um tem seu caminho. Claro que a crítica faz sua parte. Diz que, dentro deste tema, poderia ter sido feito assim e assado. Tem uma função balizadora, uma vez que devemos nivelar por baixo. Precisamos de mercado, de salas de cinema, de conteúdo. Não podemos perder a densidade e a poesia que é o nosso grande barato. Mas não podemos esquecer que o povo gosta de coisas mais leves, mais suaves. Isto não quer dizer que não tenha fundamento, não tenha profundidade. É a maneira de abordar. A tragicomédia pode falar de temas sérios. Não tem povo mais chapliniano que o brasileiro.

Além disso, temos uma safra de atores e técnicos cada um melhor que outro. Gente como Walter Carvalho (fotógrafo de dezena de filmes, entre eles *Filme de Amor,* de Júlio Bressane, e *Central do Brasil,* de Walter Salles). Essa turma teve tempo para desenvolver o trabalho. Foi à luta. Desenvolveu uma escola maravilhosa. Mas as pessoas estão habituadas a ver o cinema americano e a televisão que segue o mesmo caminho estético. O bom cinema de fora também não passa na tevê, porque ninguém assiste. Criaram uma pressão da indústria da arma, que faz veicular de forma sublimada, já que ela não pode ser anunciada de forma direta. Isso fez com que as pessoas gostassem cada vez mais da violência. Da ação pela ação. De explosões. Sem mistério.

Capítulo XXI

Lampião e Maria Bonita

Os Trapalhões fazem parte dos meninos que tem dentro de todos nós. O primeiro filme que fiz com eles foi *O Cangaceiro Trapalhão.* Renato Aragão queria fazer uma história sobre o cangaço. Já tinha feito *O Paraibinha,* com Daniel Filho. Ele, que dirigia o filme, me chamou. Eu já tinha feito *Lampião e Maria Bonita,* sob direção de Paulo Afonso Grisolli, e com Nelson Xavier e Tânia Alves.

Foi espetacular. Nelson é o nosso grande mestre. Na minissérie, eu fazia Tenente Zé Rufino, um dos perseguidores de Lampião, cujo biotipo era diferente do meu. Ele era moreno, alto, tinha 1,90 m e era o gerenciador interno da operação de busca de Lampião. Era um homem de brio, gerado pelo sertão. Podia ter sido cangaceiro ou não. Lampião chegou a convidá-lo para integrar o bando. Eram amigos, detalhe ignorado no seriado, mas está nos livros.

Ele dizia que Lampião podia aprontar em qualquer lugar, menos na Bahia, que era o seu Estado.

A encrenca entre eles começou por aí, quando Lampião atua na Bahia. Eles planejavam ter um combate um dia. Não aconteceu. Zé Rufino acabou matando Corisco. Outro personagem, o Tenente Bezerra, matou Lampião. Tudo era uma beleza. As interpretações de Nelson Xavier e Tânia Alves. A música de Zé Ramalho (*Mulher Nova, Bonita e Carinhosa Faz o Homem Gemer sem Sentir Dor*) que Amelinha cantava. A Bahia, no Raso da Catarina, aquele lugar seco, onde foi filmado. Nesse tipo de produção, você conhece as pessoas locais.

Com elas, vimos histórias muito interessantes. Vou contar uma que nos dá a força dos arquétipos, das lendas, e não deixa de ser engraçada, além de reforçar a relação do povo com o tempo, espaço e o mito. A gente estava se preparando para entrar em cena. Eu nunca me encontrava com Lampião. Coincidiu que neste dia filmamos na mesma cidade. Nelson, como o bom ator que é, estava se preparando. Vestiu-se e foi para um local distante para se concentrar. Olho colado e tudo mais. Olhava aquela paisagem bonita do sertão. Tão grande como o sertão. Tão Lampião quanto Lampião. Grisolli estava ensaiando ali perto naquela tensão e correria das gravações. Ambiente em que neuroses, brigas e palavrões se misturam. Era ótimo diretor, mas se expressava daquela maneira. Tudo na frente da casinha de uma senhora de uns 80 anos. Era *"porra"* para cá, *"porra"* para lá. De repente, a velhinha se levantou e foi falar com Nelson Xavier. *"Bom dia, Capitão"*, disse ela. *"Bom dia, minha senhora"*, respondeu Nelson. *"A senhora está boa?"*, perguntou ele. *"Capitão, vim pedir para o senhor, pelo amor de Deus, pedir para aquele homem parar de falar palavrão na frente da minha casa. Minhas filhas são todas virgens. Não tem rapariga. É tudo moça direita. Não é justo ele ficar faltando com respeito lá em casa. Sei que ele está gritando muito, mas quem manda aqui é o senhor. Peça para ele parar"*, disse ela. Este é o maior prêmio que um ator pode receber. Como essas figuras se impuseram na história.

Nelson respondeu brincando: *"Vou dar um jeito naquele cabra safado"*. Ele falou para Grisolli. Você precisava ver o espetáculo que era. Isto é o que é agradável estar no *set*. Estou contando aqui em homenagem a Nelson Xavier.

Capítulo XXII

Sabedoria Nordestina

Tem outra. A nossa lógica da cidade grande não é a do sertão. Os mundos se relacionam de forma diferente. Grisolli marcou um quadro. E falou pra gente. Eu atacava Maria Bonita, Tânia Alves, uma carioca que é nordestina de coração. Ele marcou toda a cena. Nós corríamos, Tânia atirava e ele mandava a gente correr e se proteger nas árvores. Tinha uma árvore grossa, maior, fora do plano. Ele gritava ação. E a gente corria para se proteger nos arbustos. Um figurante mais velho só corria para a árvore maior. *"Não é para aí"*, dizia Grisolli. *"É para cá"*, apontava. O homem voltava para a mesma árvore. Na terceira vez, Grisolli perdeu a paciência. *"O que está acontecendo?"*, perguntou. *"Por que o senhor só vai para árvore errada?"*, insistiu. *"Meu amigo, sou do mato, sou velho, mas não sou burro"*, devolveu o velhinho. *"Pense comigo. Se eu estou numa guerra, a bala comendo solta, o senhor acha que eu vou me proteger atrás de um graveto deste? Eu vou para aquela. Não insista".* Grisolli tentou explicar e, por último, disse: *"Isto aqui é um filme".* O cidadão estava no real. Para ele, mesmo na televisão, aquilo seria inconcebível. Se você se colocar como espectador, ele faz este tipo de cobrança. Liberdade poética tem limite. Foi muito engraçado. A TV chegava lá porque sua dramaturgia se tornou clássica. Conta bem histórias. Não é à toa que as novelas fazem tanto sucesso. Agora, não é o caminho do cinema.

Se o cara vai fazer cinema é para sintetizar, resumir, fazer um plano bonito. O grande barato dos cineastas é fazer planos bonitos. Estamos chegando num ponto que não vemos mais isso. Não é só aqui. DVDs de Chaplin não fazem mais sucesso nos Estados Unidos. O povo está no nível da ação, do *Pânico 3* (de Wes Craven), da comédia. Não lê mais nada que seja sutil. Vamos a outra história das gravações. Eu estava passando debaixo de uma árvore na terceira semana de gravação, a chamada "semana de adultério". Na primeira, a gente liga para casa e pergunta se está tudo bem. Na segunda, a solidão começa a bater, vêm os conflitos, o tesão bate e tal. Na terceira semana, é fatal. Acontece em todas as áreas. Aí, eu estava me concentrando e, de repente, passo e ouço um rapaz da produção falando para o outro, em tom bem gay: *"Olhe, querido, te dou meu soldado naquele teu cangaceiro e ainda dou dois retirantes de volta".* É inacreditável que a gente faça este tipo de coisa. Ri muito daquela espontaneidade, sem preconceito, por favor. Em *Morte e Vida Severina* não teve nada disso, porque o ambiente era muito sério, pesado. É o tipo de *set* que a gente ficava muito centrado. Dar forma ao poema de João Cabral de Melo Neto era muita responsabilidade. Tem cenas chocantes. Numa delas, aparece uma menina que se afogou na lama e Avancini gravou. Ela passa no braço de uma pessoa. Em *Lampião e Maria Bonita,* a gente improvisava mais. Grisolli deixava.

Capítulo XXIII

Os Trapalhões

Daniel Filho, então, pegou os personagens da minissérie e usou para fazer *O Cangaceiro Trapalhão.* No filme, sou o Tenente Bezerra, que é todo atrapalhado. É uma visão mais infantil. Com os Trapalhões, o ambiente das filmagens era muito bom e ao mesmo tempo muito profissional. Era uma paródia, com linguagem infantil e a presença forte da caricatura. Tinha que ser mais leve mesmo. Foi muito bom fazer. Não lembro de histórias como as da minissérie. Os Trapalhões, Renato, Dedé, Mussum e Zacarias, eram muito divertidos. Pena que a gente só se encontrava em cena. Às vezes, a gente jogava uma bolinha. Renato, além de ser um estupendo comediante, jogava muito bem. Nossos encontros eram de relaxamento. Na hora do trabalho, era sempre divertido, mas sem acontecimentos mais extravagantes. Uma vez a gente jogou contra o quartel de bombeiros da cidade. Foi 4 a 4. Era no Ceará. Não lembro o município. Todo mundo gostava deles.

Foi interessante, porque eu começava a fazer coisas que até então não tinha feito. *O Homem Que Virou Suco* era engraçado, mas era o tom da tragicomédia, sério. Ali era mais brincalhão. É o que me faz mais a cabeça. O segundo filme que fiz com eles foi *Os Trapalhões e o Mágico de Oróz* em que o tema era a seca, a água. Os filmes de Renato Aragão sempre tiveram algum tema social. A criança. A água. A seca. A Serra Pelada. Eles estabelecem uma brincadeira séria, trabalhada, bem feita. Não é só chega e faz. Era ele e tinha o Arnaud Rodrigues, um gênio popu-

lar, um gênio da raça. Arnaud está agora em *A Praça é Nossa,* do SBT. Um cara inteligentíssimo. Tinha uma secretária da produção que nunca acertava o nome de Arnaud nem o meu. Ela sempre procurava *"José Rodrigues e o Arnaud Dumont"*. Achava que José tinha que ser Rodrigues. E Arnaud tinha que ser Dumont.

O filme era uma brincadeira com o *Mágico de Oz.* Eu fazia o Tatu. Tinha três personagens: o Soró, Tatu e o de Renato. Tatu compunha aquele trio da seca. Era um companheiro de viagem. Dedé,

Mussum e Zacarias faziam os personagens do *Mágico de Oróz.* Era uma forma interessante de levar a mensagem da seca para as crianças.

Capítulo XXIV

Em Cena com Mick Jagger

Também fiz umas cenas com Mick Jagger. Era para um vídeo que foi dirigido por Julien Temple que, apesar do nome, não é filho de Shirley Temple. Na cena que filmamos, estou numa prisão, no pátio jogando baralho, quando Mick Jagger passa na frente da gente. Eu tinha outra seqüência no clipe, feito numa passagem dos Rolling Stones pela América do Sul nos anos 80. Não contracenei com Mick Jagger porque não quis. Tinha uma cena com ele, mas a produção mudou a data das filmagens e eu preferia atender a outro compromisso que havia marcado antes. Na cena, eu e Jagger jogávamos cartas numa aposta em que o vencedor levaria uma mulher linda. Claro que ele ganharia. Nas gravações, ninguém dizia que aquele cara era Mick Jagger. É um cara normal. De perto, parece que não sabe cantar nem no chuveiro. Mas, no palco, é o ídolo de todos. Um fenômeno. Ele foi gentil com todos no dia. No final, preferi manter o compromisso do comício das Diretas Já, em Recife, que eu já havia acertado antes. Como sou nordestino e estava em evidência, me chamaram para dar depoimento para reforçar a causa das eleições diretas. Nunca esqueço do que falei quando me deram a palavra no comício. Disse: *"Elejam e cobrem, porque eles esquecem depois"*.

Capítulo XXV

A Hora da Estrela

Depois veio *A Hora da Estrela.* Cheguei lá porque Suzana Amaral, a diretora, já tinha me visto em *O Homem Que Virou Suco* e *Gaijin.* Fiz o namorado e o principal opressor de Macabéa. Ele personificava todo aquele sistema, aquela cultura machista, nordestina, chato que só ele. Não estou falando do aspecto criativo. Estou falando do defeito. Olímpico oprimia aquela mulher tão sensível. Ele é uma síntese do colonizador, que trouxe a base teológica e ensinou que o homem é a base da família. A natureza provou que não é. É a mulher que manda. É a energia dela que comanda, porque a base da natureza é feminina. Portanto, toda civilização está errada. Por isso, os países onde o machismo predomina são pobres e ferrados. Vejam os países muçulmanos, os da América Latina e os africanos. A mulher desenvolveu uma série de qualidades. Entre elas, a intuição. São mecanismos que fazem a mulher muito mais interessante. A função do homem na vida é trazer elementos novos para a mulher. O homem é uma mulher alterada. Está na história do tempo. Como o homem está no poder, ele abstrai para ele esta condição. O homem não cria nada, não dá cria. A mulher, sim, dá cria até sem o homem.

Em cena de A Hora da Estrela

Como o código genético não pode se repetir, porque a natureza não é nazista, precisa da diferença para evoluir, o homem tem essa função nesta etapa da vida de trazer a diferença. Não é melhor nem pior. É um e-mail genético que uma mulher manda para a outra. A base é sempre feminina. Imagina até onde vou para falar. Sei isso hoje. Na época que filmamos *A Hora da Estrela,* não sabia. O que me interessava naquele tempo era mostrar esse homem que tanto mal causava à própria cultura e que era realmente o principal opressor. Hoje, felizmente, essa realidade está mudando. O Nordeste não é tão assim. A nossa cultura machista, porque nos foi imposta, negando essa força do lado feminino. Nós, homens, nunca chegamos à estrutura da sensibilidade. Nunca vamos fundo. Olímpico é o homem cultural. Aquele que serve para ele. O homem que manda em casa, na mulher e nos filhos. Uma contradição danada. O homem, meus caros, não sabe administrar nada. A função dele é proteger e levar essa mensagem que a mulher tem para outra, lá não sei aonde. Portanto, ele vai brigar para proteger a prole, para manter as pequenas diferenças.

Se só tivesse leoa, os leões nunca mudavam. É a mudança dos leões que faz com que eles vençam qualquer animal. Aquele que ganha gera uma prole nova com um mínimo de diferença. A natureza não é nazista.

Olímpico vinha carregado de preconceitos. Achava que a mulher a ser amada tinha de ser a importada, a loira. Tinha o pensamento colonizador sobre o colonizado. No dia que aparece uma loira (Tamara Taxman), Macabéa, aquela pessoa sensível, delicada, aquela flor tão angustiada, cheia de querer saber, era deixada em segundo plano. Não só por Olímpico. Mas por todos, porque fogem do padrão. Ao mesmo tempo, ele era um homem que tinha qualidades, como Clarice Lispector descreveu no livro. Era inteligente. Interessado na política. Sabia fazer caricaturas. E ainda era metido a bonito. Era o que se chama no Nordeste de cabra safado. Feito com uma crença interior de que era galã. Ele se achava o gostoso. Se tivesse sido preparado para ser outra pessoa, teria outro conceito em relação a Macabéa. O fato é que são dois sozinhos. Ele é tão sozinho quanto ela. Até urso cafona ele leva de presente. A diferença entre Olímpico e eu, José Dumont, é que jamais fui machista e nunca daria aquele urso para ninguém. A não ser que fosse gozação. Pude variar o meu trabalho. Olímpico não é Deraldo, nem Severino, de *O Homem Que Virou Suco*. É um nordestino, sim, mas tem diferença. Se eu fosse galã de fato, ninguém ficava perguntando se eu faço sempre o mesmo papel. Olímpico, por exemplo, podia ser um cara de São Paulo. O que ela queria mostrar é que o próprio nordestino é machista e oprimia a mulher, assim como os muçulmanos fazem, assim como alguns povos africanos, latino-americanos e muitos brasileiros. O foco do filme é a Macabéa com todo o esplendor que a Marcélia Cartaxo trouxe.

Suzana foi muito bacana com a gente nas filmagens. Deixou a Marcélia em casa para que ela ficasse concentrada ao máximo. Marcélia sempre gostou muito de brincar, muito divertida, mas seguiu à risca o que Suzana pediu, para evitar dispersão. Tinha que guardar energia, se preservar para as tomadas. Se você toma uma cerveja, fica cansado, vai buscar emoção onde? Comigo era filmagem-hotel-filmagem. Evito qualquer tipo de envolvimento quando estou trabalhando. A gente ensaiou uma semana antes. Foi ótimo. E Suzana filmou quase sempre um por um – ou seja, valendo a primeira tomada. Foi ótimo para encontrarmos o tom e funcionou enormemente comigo e a Marcélia. Havia uma química muito boa em todo o elenco. Eu, Tamara Taxman, Fernanda Montenegro. Nós fazíamos tudo para que não sujássemos o trabalho de Marcélia e sua Macabéa. Isso está no filme. Desse jeito, o ambiente era descontraído. A idéia era sempre se guardar ao máximo para aquilo. Marcélia tinha chegado da Paraíba. Suzana a viu no teatro. E aí é que está o olho do diretor. Ela percebeu logo que Marcélia era a Macabéa que ela queria. A peça era *Beira de Estrada,* com um grupo de Cajazeiras maravilhoso, dirigido por Eliézer Rolim. Marcélia tem um tom muito engraçado, um sotaque arrastado. Um dia, ligaram para a casa de João Batista de Andrade (dono da Raiz Filmes à época, que produziu o filme) e Marcélia atendeu. Ela não sabia direito o número do telefone. Até que ela se lembrasse, a mulher do outro lado da linha respondeu: *"Eu não quero ramal, não"*. Marcélia levou tanto tempo para dizer o número que a mulher cortou logo.

O filme tem uma gramática cinematográfica muito bonita. Os diálogos são diálogos mesmo. Não tem improviso. Tem uma criação. Os diálogos são ditos de forma que pareçam naturais. O discurso no Museu do Ipiranga, onde os mendigos ficam aplaudindo, boa parte fui eu que fiz. Em Berlim, teve uma história muita engraçada. Marcélia foi para a Alemanha e fez um sucesso desgraçado no Festival de Berlim. Ela é uma atriz de porte internacional. Sempre foi. A mãe de Marcélia, em Cajazeiras, uma mulher simples, não sabia os pormenores da ida da filha à Europa. Marcélia, no dia que ganhou o prêmio de melhor atriz, ligou feliz e satisfeita para a mãe. *"Mãinha, ganhei o Urso!!!"*, repetia entusiasmada. E a mãe, sem ter noção do que era, respondeu: *"Traga um urso para cá, que eu vou dar uma surra em você. Aqui não tem lugar, Marcélia. Como é que você vai trazer um bicho deste tamanho para Cajazeiras? Aqui está uma seca danada, não tem capim nem para as cabras"*, disse a mãe. *"É um Urso de Prata, mãe!"*, insistiu Marcélia. Só quando ela voltou para o Brasil que a mãe foi entender.

O estereótipo não é privilégio meu. Marcélia também sofreu. O Brasil que optou pela colonização, por ser subamericano, onde muita gente ganha dinheiro com essa escolha, para continuar comprando muita coisa de fora, tinha que negar a sua cara, o seu jeito de ser, o seu tipo, a sua existência. Então, não era José Dumont que sofria. Quando vai para o lado do bonito, a beleza supera tudo. Quando é a beleza física, você tem o enfoque no consumo. Não quer dizer que não haja bons atores bonitos. Marlon Brando era belíssimo e era um grande ator. Rodrigo Santoro e toda essa nova geração é muito bonita e tem ótimos atores. Trabalhei com Rodrigo e sei o quanto ele é dedicado. Não é à toa que faz tanto sucesso. Não é só porque ele é bonito. Bonito tem a três por quatro na esquina. Ele sabe trabalhar. Você precisa ver no *Abril Despedaçado* o "mergulho" que esse homem fez para chegar em Tonho, seu personagem. Para ser nosso, para ser nordestino, para abrir um espaço na alma do carioca e colocar um nordestino andando lado a lado.

Com *A Hora da Estrela,* ganhei o prêmio de melhor ator no Festival de Brasília. Foi maravilhoso mostrar o filme e ser ovacionado por aquela platéia. Ganhamos quase todos os prêmios. É o prazer de fazer e ver a coisa bem feita. O Festival de Brasília é um dos mais espontâneos. O povo de Brasília é assim: está bom, eles aplaudem; se não está, eles vaiam no meio, e acabou. Aplaudem as cenas no meio do filme e vaiam também no meio do filme. O que virou uma certa marca do público brasiliense. Um festival de ponta, assim como o de Gramado. Estar nos dois era muito interessante. Não participei muito do histórico do filme. Participei na hora de fazer e no Festival de Brasília. Lá fora, Marcélia é quem foi. No final, passei a admirar mais Suzana Amaral. Ela demora muito para filmar porque é cuidadosa e parte para a filmagem quando o roteiro foi muito bem trabalhado.

No Festival de Brasília, a premiação, com Suzana Amaral, Assunção Hernandes, João Batista de Andrade, Denoy de Oliveira e Marcélia Catarxo

Capítulo XXVI

O Assassinato

Em *Avaeté - Semente da Vingança,* de Zelito Viana, eu faço um policial federal. O personagem era interessante. A história é sobre extermínio de índios e se passa na Bacia Amazônica, na região do Tocantins. Era o fim do mundo. Os rádios não pegavam. O lugar era tão violento que o dono da pousada onde nós ficamos não tinha um cachorro, tinha uma onça. Era uma região de conflito com garimpeiros, índios e grilagem de terra. Houve um massacre real dos índios. E a região tinha presença forte da Igreja e de políticos. É um campo minado. O personagem do Jonas Bloch é ótimo. O do Carvana também. Era um filme dramático, difícil, mas muito bom.

O meu personagem era diferente do que eu já havia feito. Era um personagem que representa o Estado, oficial. Você é policial e tem de fazer assim, como te obrigam, repetindo a imagem que se tem desse tipo de personagem.

Não era o caso de improvisar e fazer do meu jeito, porque o perfil do personagem era aquele. Mas as nuances humanas, que são as mais interessantes, ficaram um pouco de lado. Ele prendeu o camarada, um dos suspeitos, e, no dia seguinte, foi transferido por movimentação política.

Zelito é o cara que me colocou no cinema com *Morte e Vida Severina.* Como tudo era muito longe, o *set* foi meio mórbido. Durante as filmagens, por exemplo, o dono da pousada onde nos hospedamos foi assassinado. A história era mais ou menos esta:

um cara tinha alugado a pousada e vendido para o outro. Depois, alguém foi lá e acertou as contas. Era uma região de conflito mesmo, de tudo que se possa imaginar. O ruim foi isso. Logo que chegou lá, Renata Sorrah, sempre de bom astral, se apaixonou pelo lugar. A gente via peixe no fundo da água. Era mesmo um canto bonito. *"Por que o nosso mundo não é assim?"*, perguntava Renata. De noite, o cidadão foi fazer xixi e atiraram no rosto dele. O homem que morreu tinha cedido o quarto gentilmente para Renata Sorrah e morreu quase na porta dela. De manhã, chegamos no quarto, lá está Renata indignada. *"Isto é uma humanidade filha da puta"*, resmungava. Passou a euforia.

O moço morreu com o pinto de fora. Até a polícia passar um rádio para Salvador, para vir alguém de Goiânia apurar a história, foi quase um dia. Veio de helicóptero e foi tentar prender o camarada. Foi um policial só. Um rapaz novo, que parecia estar no cangaço, com a cintura recheada de balas. Era atirador de elite. Um dia, ele deu um tiro lá de cima no cara que estava fugindo das investigações e acertou a bolsa do cidadão no meio. Depois da morte, descobrimos que um menino de 15 anos tinha participado do crime. A gente almoçando e o cara lá preso na sala. O garoto ajudou o pai a matar o dono da pousada. Aquilo é um Brasil duro. Pesado.

No meio dessa tragédia, houve cenas engraçadas. Ficou um clima tenso na produção. A gente temia que o assassino pudesse voltar. Então, saí para fazer xixi à noite e encontrei Jayme Del Cueto, um cidadão muito gente boa da equipe e que tinha um papel no filme, vestido de gaúcho, a rigor, de bombacha, faca na cintura, revólver, lenço, chapéu. *"O que você está fazendo aí?"*, perguntei. Ele respondeu que ia tomar conta da área. Passou a noite toda lá com o revólver, porque se acontecesse algo, ele nos defendia. E defendia mesmo. É um homem de coragem. Por que a roupa? *"É para dar moral, tchê"*, disse ele, com sotaque forte. *"É para dar moral"*.

No dia seguinte, fomos gravar a cena que eu discuto com a jornalista vivida por Renata Sorrah. Então, Zelito marcou o quadro atrás da casa. É a cena em que eu dou um esporro nela. Saía de trás da pousada. O morto estava na esquina. No caminho onde a gente iria passar. Então, eu saía de lá, passava por cima do defunto, que estava com o peru de fora, e fazia a tomada. A gente ensaiou umas cinco, seis vezes. Imagine só. Eu fiquei uma pilha. Não de raiva. Era estranho. Tinha de fazer. *"Por que tenho que passar em cima do morto?"*, perguntei a Zelito. Ele respondia, com aquele vozeirão: *"É memória emotiva, Zé. Use a memória emotiva"*, repetia. Nunca tinha visto memória emotiva no presente. Foi muito engraçado. Depois de meio dia que levaram o corpo do homem e os presos para Brasília. São essas coisas do Brasil que acabam nos abastecendo de emoção.

Marcos Palmeira (filho de Zelito) era menino. Fazia um papelzinho e uma assistência. Tenho muito respeito a essa geração nova. Marquinhos, aliás, foi um dos que me ajudaram depois do assalto (o dia em que fiquei na mira de um revólver em minha casa, e que relato mais à frente). Selton Mello e Rodrigo Santoro também me ajudaram. Essa nova geração é muito boa. Trabalhei agora com Wagner Moura e Lázaro Ramos. Eles são magníficos. Não é à toa que fazem sucesso. Se a gente tivesse 20 mil salas no Brasil, nosso cinema estava consolidado. Temos grandes atrizes também, como Dira Paes, Débora Fallabela, Mariana Lima, Mariana Ximenes, Deborah Secco, Cláudia Abreu, entre outras. Uma geração intensa. E estamos reduzidos a 1800 cinemas, dos quais o Brasil só consegue usar 300 quando a produção é da Globo Filmes. Por isso, a gente não pode falar em mudança. É uma estupidez falar de mercado sem mudar esse cenário.

Ainda em *Avaeté – Semente da Vingança* teve outra situação engraçada. Fui para um rio num dia de folga. Todo mundo dizia que lá tinha ouro em tudo que era lugar. Mergulhei e, com aquela água límpida, achei uma pepitinha. Fiquei feliz da vida. Levei para um ourives nativo. Aí, ele disse: *"Seu Zé, isto aqui é uma obturação de dente"*. Olhei direito e era mesmo.

No dia da pesca, foi outra decepção. Peguei uma varinha, coloquei a isca e fui à luta. Tinha um índio aculturado, de camisetas e tal ao meu lado.

Era divertido. Não sabia montar a isca certa. Fiquei meia hora lá. Peixe pra caramba, mas eu não fisgava um. De repente, chegou um menino índio, eu estava com uma vara muito melhor que ele, e só via o indiozinho puxando peixe. Em meia hora, ele pegou uns 20 peixes e eu absolutamente nada. Até hoje eu não sei que danado ele colocava naquele anzol. É o saber da natureza, esse conviver que ele tinha e eu não. Vim embora com essa imagem do Aruanã, região em que filmamos.

O filme teve o lado bom que mostrou que eu podia fazer um personagem que não era um sertanejo, um cangaceiro ou algo parecido. Não lemos o retirante naquele policial, um agente federal como qualquer outro. Tive raiva em alguns momentos porque tive que fazer o que estava escrito. Faz parte.

Capítulo XXVII

O Auto da Compadecida

Fiz em *Vento Sul,* de José Frazão, uma participação pequena. Tenho pouco a dizer, porque nunca nem vi o filme. Vamos para o próximo. Até aquele momento, eu tinha feito um filme com Reginaldo Faria, um filme como ator, *Lúcio Flávio – o Passageiro da Agonia* (de Hector Babenco), mas nunca tinha trabalhado com o irmão dele, Roberto Farias, que já era um grande diretor com os filmes de Roberto Carlos e *Assalto ao Trem Pagador,* entre outros. Roberto Farias é um mentor, um mestre. Tenho o orgulho de ter trabalhado com todas as pessoas boas do Brasil. Com exceção de Cacá Diegues, com quem nunca trabalhei e espero um dia ainda trabalhar.

Descobri em Roberto um amigo, desses que faz um *set* tranqüilo e ainda tive o prazer de filmar *O Auto da Compadecida,* essa história linda de Ariano Suassuna, com Os Trapalhões.

Para mim foi bom, porque pude mostrar ao público infantil o que eu era capaz. O *set* era tudo, menos aquele do tipo *"você entra agora e depois sai"*. Era um *set* de comédia com *O Auto da Compadecida,* que é um clássico da literatura brasileira, uma obra genial mesmo. Dessa vez, fui o canganceiro, o mesmo que Marco Nanini fez na versão de Guel Arraes. Foi um personagem legal de se fazer. Um valente e cheio de gênio. Tudo isso na abordagem certeira de Ariano Suassuna. Ele é um dos grandes homens da dinastia que o Brasil já perdeu. É um criador. Um organizador. Um amante da cultura brasileira, como foram Gilberto Freyre e Câmara Cascudo. Ariano faz parte desta cultura superpoderosa, da capacidade que se tinha no País, independente da época em que as pessoas existiam. A Paraíba tinha um potencial danado. Tantos grandes nomes surgiram lá. Basta lembrar José Lins do Rêgo, José Américo, Augusto dos Anjos, Zé Limeira e Zé da Luz. Perdemos essa cultura de valor, essa busca pelo grande saber, que veio do interesse pelo homem brasileiro. Foi ele quem levou essas pessoas a saber. Não tenha dúvida de que a genialidade de Guimarães Rosa está na viagem profunda que ele faz do brasileiro.

O Auto da Compadecida mergulha neste painel enorme, bem-humorado, dos nossos heróis, anti-heróis, essa panela imensa, esse traçado genial que Ariano Suassuna faz. A visão da Globo foi deslumbrante. Se não fossem os Trapalhões, talvez não tivesse saído. Se hoje um milhão de pessoas gostam de ver cinema brasileiro é porque essas pessoas passaram pelos filmes de Renato Aragão, Dedé, Mussum e Zacarias. Se tivéssemos feito mais, teríamos mais gente hoje em dia. Então, a meninada podia ver *Matrix,* desde que primeiro desse uma olhadinha na ciranda, nas nossas manifestações. Vi isso em *Os Dois Filhos de Francisco – a História de Zezé di Camargo e Luciano* (de Breno Silveira), durante as filmagens no interior de Goiás. Um garoto, numa cavalhada daquela em Pirenópolis, onde há o personagem coletivo, o mascarado, ele não deixa de gostar da cidade nunca mais. A cavalhada não é só a dos adultos. Tem a dos meninos também.

Isto não é nostalgia. É ciência, sabedoria popular. Quem nasceu lá, nunca vai deixar de gostar. Pode participar de todos os *videogames* do mundo. Pode ver todos esses filmes *Hellboys* da vida, mas será um apaixonado pela cultura brasileira.

Sempre achei esse gosto pela terra muito bonito, o que Os Trapalhões ressaltam bem em *O Auto da Compadecida.* No Nordeste de hoje, totalmente subamericano, está faltando colocar o chapéu de couro outra vez, sem criar xenofobia ao tomar essa atitude. Como na natureza, tudo sofre alteração.

É só saber investir nas nossas riquezas, nos nossos potenciais. Se vou a Paraíba quero comer um goiamum, macaxeira e galinha caipira. Quero ouvir coco-de-roda, ciranda, os tocadores de viola. Não precisa de nada de fora, não. O que dizer dos repentistas? Nada além de que eles são geniais. Neste sentido, Antônio Nóbrega e Luiz Carlos Vasconcelos têm um trabalho deslumbrante. Não perdem tempo copiando o Sul-Sudeste, como muita gente faz. E o Sul-Sudeste, por sua vez, copia os Estados Unidos. Se é para copiar, que se copie o que a Europa tem de bom, que é a social democracia. O Nordeste perdeu muito nos últimos anos. Você chega lá e é quase a mesma coisa de estar no Rio de Janeiro. Não dá!

Como Roberto era muito calmo, o *set* era muito engraçado. Não lembro de histórias, porque, como era muito divertido sempre, a graça não se destacava. Renato Aragão, por exemplo, é muito atento ao trabalho, mas é piadista o tempo todo. Era divertido trabalhar com aquele quarteto. Sem falar nas mensagens que eles passavam nos filmes. Colocar Jesus como preto, como no texto de Ariano Suassuna, é maravilhoso. Uma puxada de orelha no próprio nordestino, que era preconceituoso demais. Renato Aragão, por natureza, é o próprio João Grilo. Todos nós temos muito de João Grilo. São personagens que saíram de arquétipos da nossa formação. O nosso povo tem muito de Pedro Malazartes e Zé Pelintra.

João Grilo, como já falei, é o que a gente já conhece. O nordestino de modo geral tem muito dele. O texto de Ariano destaca esse lado criativo nosso.

Você sintetizar o mundo nordestino naquelas personagens é fantástico. Com a trajetória que Ariano Suassuna tinha, o conhecimento dos contos, da estrutura, do medieval e a história do teatro como um todo, ele passeia por esse universo de forma bem-humorada. Apesar de ter ido ao Recife várias vezes, não tive o prazer de conhecer Ariano Suassuna. Um dia, chego lá.

Temos que fomentar os mais jovens a ver os filmes antigos. *Roberto Carlos em Ritmo de Aventura* é uma delícia de aventura e acabou de sair em DVD. Os adolescentes têm que ver. Temos que incentivá-los a assistir filmes como *Cangaceiro* (de Lima Barreto), *O Pagador de Promessas* (de Anselmo Duarte), *O Homem Que Virou Suco,* entre outros.

O cinema brasileiro já devia fazer parte do currículo escolar. Seria muito mais gostoso aprender história com o auxílio de filmes como *Xica da Silva* (de Cacá Diegues) do que só com giz e quadro negro. O teatro também poderia dar ótima contribuição com reconstituições.

Só vamos modificar o Brasil se a gente criar uma geração identificada com a cultura brasileira a partir do berço.

Capítulo XXVIII

Memórias do Cárcere

De *O Auto da Compadecida,* pulei para uma das maiores obras da nossa literatura, *Memórias do Cárcere,* de Graciliano Ramos. O encontro de Nelson Pereira dos Santos com o texto de Graciliano Ramos gerou uma das grandes obras-primas da produção brasileira. Imperdível para todas as gerações. No filme, sou um potiguar, preso sob acusação de ser subversivo. O livro é de uma beleza, de uma dramaturgia incrível. Conheci Nelson Pereira dos Santos com atraso, quando virei ator. Como eu fazia parte desta geração que não conhecia a produção brasileira, não podia ter inteireza, pegar a obra dele e checá-la. Fiz isso depois. Falar dele é falar de *Rio, 40 Graus,* do Cinema Novo, e seus frutos, como o cinema paraibano de *Aruanda,* de Linduarte Noronha, de João Ramiro Mello, Vladimir Carvalho, esse pessoal todo, e, claro, *Vidas Secas,* outra obra-prima.

O Cinema Novo dizia: *"Vamos pensar, vamos crescer"*. Éramos franceses tropicais. Fazíamos tudo pensado, para mudar socialmente, sem deixar a beleza de lado. Isto até a ditadura ferrar a gente. Quando filmamos *Memórias do Cárcere,* Nelson chegou para mim e disse: *"Zé, quero que você faça esse personagem, que será uma síntese de vários comunistas"*. Assim, nasceu o potiguar Mário Pinto. Ele tem uma cena maravilhosa no navio, uma grande representação do País. É um Brasil boiando. Ele une as classes ao cantar *A Ema* (*A ema gemeu no canto do jurema...*). Sem nenhuma política, sem discursar e une todos. A turma da primeira classe começa a aplaudir. É um integrador. Aquilo por si só valeu o filme para mim. Não sei se *A Ema* era da época. Nunca tinha cantado, mas fiz. Tinha ali o emocional, a prisão, a necessidade do canto. A música agregava. Em vez de discursar, ele cantou, porque sabia que, cantando, o povo participava.

Aquele navio de *Memórias do Cárcere* não deixava de ser um navio negreiro, tal qual o da poesia de Castro Alves. Emocionalmente, é igual. A necessidade de poder, os confrontos, a condição escrava do homem. O navio foi construído em estúdio. Fizeram uma estrutura que mexia e dava aquela sensação do mar, do balanço. A ambientação era perfeita. A direção de arte, brilhante. Era mesmo um navio negreiro, porque nada mudou. O mundo continua escravo. A música, de fato, tem esse lado de Castro Alves. Mário não sabia quem era Graciliano. Ele é quem entrou no comboio da prisão. Aliás, a história da República Socialista do Rio Grande do Norte, que levou meu personagem à prisão, é fascinante. Daria um filme maravilhoso. Nestes movimentos, com raras exceções, quem acaba sendo preso mesmo são os pequenos. No Rio Grande do Norte, houve um país livre por 72 horas. Uma história muito interessante que se deu em Natal. Uma liberdade, dentro do conceito deles, que durou três dias. Imagina o que se passou na cabeça dessas pessoas. Por isso, eu cantei *A Ema* como se cantasse o Hino Brasileiro, não como se fosse um revolucionário. Repito, como se cantasse o Hino Brasileiro. Fui cantar com essa disposição. Não saiu da boca para fora, não saiu do diafragma. Foi a partir das emoções.

Outra lembrança interessante de *Memórias do Cárcere* foi rever Jofre Soares. Era um piadista, um ator brilhante, engraçado e mal-humorado ao mesmo tempo. A gente voltava num carro conversível que ele tinha e gostava muito. Ele vinha cantando Ângela Maria, Nelson Gonçalves. Ai de quem passasse e desse uma fechada nele. Jofre esculhambava mesmo. Era o jeito dele se divertir. Nós curtíamos o ambiente, o estar junto. Era uma união só. Tinha ainda o Jurandir de Oliveira, que dirigiu agora *O Quinze,* um ótimo ator, paraibano como eu. Carlos Vereza tinha a carga total, porque o filme era dele.

Nelson é aquele cara que, como Tizuka Yamasaki, sabe o que quer do plano. Fala pouco, mas sabe o que quer. A produção de arte era muito bem feita, reforçada pelo olho cinematográfico de Nelson. Ele cobre tudo nos planos. Quando resolve dar uma geral, é uma geral que cobre, que dispensa um eventual *plus.* Quando ele dá, é porque precisa. Um dia, eu estava em cena com o Jofre e este, superexigente, observou o relógio de um figurante. *"Esse relógio não é de 1930",* chiou. *"Mas Jofre, não tem problema. Ninguém vai ver o braço do figurante"*, explicou alguém da produção. E Jofre, seco, respondeu: *"É por isso que o cinema brasileiro não vai pra frente. Em 1930, não tinha esse tipo de relógio"*. Quando ele saiu, caiu um pingo de chuva na cabeça dele. Jofre disse: *"Por que não vai chover no Nordeste? É incompetência no céu, é incompetência na Terra"*. Ele ficou xingando a chuva e a produção o dia todo.

Capítulo XXIX

Grande Sertão: Veredas

Em *Grande Sertão: Veredas,* eu fazia Zé Bebelo Vaz Ramiro. Era um personagem muito bonito. Eu acho *Grande Sertão: Veredas* o melhor livro do planeta. Vale por dois anos de faculdade. Não tem coisa mais bonita do que a história de Riobaldo e Diadorim. Eu acho imbatível como estética. Raramente você vê uma coisa tão culta como *Grande Sertão: Veredas,* todo aquele conhecimento. Muitos homens do Império foram gerados ali, na época de Dom Pedro II. Esses homens foram gerados no final do Império, tiveram uma formação muito intensa. É impressionante o nível dos camaradas: Euclides da Cunha, Guimarães Rosa, Machado de Assis. O Brasil era Primeiro Mundo na época do Império. A República nega por falta de mergulho na história. É inegável. O Brasil era o terceiro país da época. Era França, Inglaterra, Brasil e Estados Unidos. O resto estava vindo para cá para trabalhar.

Quem organizou os Estados brasileiros foi D. Pedro II. E o Brasil já era Primeiro Mundo. Só que na República, inventada, fizeram o que fizeram.

A independência do Brasil permitiu que o Brasil começasse a caminhar. O Primeiro Império foi o ajuste, era o delírio, o prazer de ser livre. Dom Pedro II organizou os Estados. O Brasil, em 50 anos, cresceu 100. Depois vieram os republicanos e a Inglaterra e destruíram o que havia de bom. Perdemos, então, 100 anos, que começaram a ser recuperados com Juscelino Kubitschek.

Compare os homens do Império com os da República. Os do Império eram extremamente preparados, nacionalistas, tinham uma altivez impressionante. Não vejo uma atitude negativa em Dom Pedro. O Brasil ganhou a Guerra do Paraguai porque Solano Lopez era um ditadorzinho que queria roubar nossas terras. A gente tinha a segunda Marinha do mundo. Você acha que o Barão de Mauá veio do nada? Ele só era poderoso porque tinha um país que produzia. Aí, como os caras fizeram a República, começam a difamar. Não sou monarquista, nem republicano. Falo dessa época por questão de justiça. Naquele momento, você tinha a estrutura das terras. Dom Pedro II não pôde formatar e acabou destruindo a si mesmo com a entrada dos grandes latifundiários no time dos republicanos.

O que interessa em *Grande Sertão: Veredas* é claro que é a história de amor e esse mergulho que ele faz no homem brasileiro, nos sentimentos, nas emoções, na vida. Guimarães fala de cada planta, folha, capim e animal. E ele fala da emoção de cada planta, folha, capim e animal, dos signos da terra. E aí é que entra meu nome. José do Monte é um nome roseano. Fulano do pé da serra. Era Joaquim do Monte. A história de amor é belíssima. O personagem que eu fazia, muito belo também. A série era muito bonita, mas muito calcada no que o Avancini queria que fizesse. Não era como eu via o Zé Bebelo Vaz Ramiro. O Zé Bebelo é um elemento modificador. Era o agente secreto. O cara que vai lá e desestabiliza toda uma estrutura. Era brilhante, inteligentíssimo. Via dessa forma. O Avancini tinha um padrão, a grife dele. Por exemplo, todo mundo fala baixo. É uma conduta narrativa que os americanos usam. Eles falam em um tom mais baixo para facilitar o espectador a prestar atenção no que estão dizendo. Você diz uma verdade conduzida, construída. Se você fala de forma expansiva, dispersa. Como se nós fôssemos americanos. Nós estamos mais para italianos. Histéricos.

Não que *Grande Sertão: Veredas* tenha ficado ruim. Foi e continua sendo maravilhoso. O trabalho do Tony era muito legal, o elenco, maravilhoso. Mas o *set* era aterrador. Eu respeitava o Avancini como artista. Mas tudo era muito agressivo. *"Faz isso. O que interessa é isso. Você pode fazer o que quiser, mas só isso me interessa"*, ele dizia. O que o cara vai fazer? Vai fazer o que quiser? Nunca. Não pude fazer como gostaria. Por isso, tivemos algumas indisposições. Há tantas versões sobre a cena das galinhas, onde nós brigamos, que prefiro ficar com a lenda.

Avancini era muito inteligente e provocava muito para tirar o máximo do ator. O chato é que ele insistia em te moldar na forma dele. E, como já falei, a forma não funciona em mim. Quando eu tento ser formal, desapareço. Apesar do clima tenso das gravações, a série acabou muito bonita. Não tinha como ser diferente vindo da obra de Guimarães Rosa. Foi quase impossível eu fazer o personagem. Confesso que, ali, pensei em abandonar a profissão. Mas ir para onde? Não sabia fazer outra coisa.

Apesar de tudo, tivemos episódios engraçados nas gravações em Minas Gerais. Ou, no mínimo, tragicômicos. Um dia, meu cavalo caiu em uma areia movediça. No ensaio, recebi a ordem de desaparecer perto de um rio. O cavalo começou a refugar. E eu taquei a espora nele. Até que ele caiu com as patas na água. Como eu era o chefe do grupo, vinha mais na frente, comandando uns 50 homens que vinham atrás. O cavalo tentou sair sem saber o lugar mais duro. O meu medo era que ele caísse em cima de mim e me afogasse. O cavalo conseguiu sair. Eu fiquei ali. Foi uma sensação parecida com a que eu tive quando fui assaltado. Você pisa e não tem solo. Se eu estivesse sozinho, teria morrido. Quando eu olhei, tinha uma vaca inchada, que tinha morrido mais na frente. Inacreditável. Aí, eu fui descendo e disse: *"Gente, eu estou afundando!"* Quanto mais pisava, mais sumia. Fiquei com o braço fora e, então, jogaram um cipó. Eu agarrei e me puxaram. Escapei por pouco. Aí, foram contar para o Avancini. A reação dele foi de lascar. *"Zé Dumont caiu na areia movediça?"*, perguntou. *"Por que não me chamaram? Eu devia ter filmado isso!"*, esbravejou.

Depois ainda encontrei Avancini em *Mandacaru*, na TV Manchete, e rimos pra caramba. A novela foi um sucesso. No fundo, Avancini era muito malandro. Ele provocava para tirar mais da gente e eu, naquela época, não sabia agüentar essa provocação. Quando nos reencontramos, rimos muito, ele disse: *"Ah, cumpadre velho, quantas aventuras!"* Fizemos também *Rabo de Saia*. O livro de Guimarães, que fui obrigado a ler, foi o que realmente ficou. Essa maneira de declarar amor e de falar do outro me interessa.

Em 1985, eu tinha feito também *Tigipió – Questão de Amor e Honra,* de Pedro Jorge de Castro. É uma história dura. Fiz um papel que eu nunca tinha feito. De um homem relativamente bem-sucedido. Era um engenheiro agrimensor. O primeiro papel que fugia do popular. Eu pude mostrar um outro lado meu. Você não fala que aquele personagem é um operário. Ele tem outros valores, outra maneira de pensar. A cabeça do dominante. O sonho daquela época era com Paris, como falo no filme. O elenco era muito bom: B. de Paiva, Regina Dourado e João Falcão. Todos bem dirigidos por Pedro Jorge de Castro. Nas filmagens, conheci Marjolândia e Canoa Quebrada, dois lugares muito bonitos do Ceará.

O conto de Herman Lima, de onde nasceu o filme, era muito bonito, embora seja bastante descritivo. Não sei como Pedro Jorge conseguiu transformá-lo em filme. A ação do pai era extremamente interessante. E Regina, ótima atriz, estava no auge. Toda sensual. Linda.

Com Regina Dourado, em Tigipió

Trabalhamos juntos em *O Baiano Fantasma.* É outro personagem que gostaria de ter explorado melhor. O próprio filme também não ia muito a fundo. Infelizmente, o Brasil ainda tem muito do querer ver o personagem feito por alguém que corresponda ao padrão oficial. O País já era televisivo na época. A idéia de que alguém só pode fazer uma história de amor se tiver um padrão coerente. Então, meu personagem não tinha, por exemplo, o charme de Olímpico de *A Hora da Estrela*.

Ele tinha uma sedução antagônica do ser superior. Ele queria era comer a mulher e aí pagou por querer só isso. Não ficou atento aos outros valores daquele povo. É um cara fruto de uma cultura de opressores. Então, ele oprime também. Não é diferente do que ocorre em *Abril Despedaçado,* onde essa opressão era mais universal. Era um código albanês adaptado à realidade brasileira. Fruto de uma Igreja que passou por Espanha e Portugal, pelos mundos árabes, e nos trouxe essa moral de oprimir a liberdade de expressão e a individualidade. Essa, aliás, é a única lei que não é respeitada. Então, todas as pessoas torcem pelo mesmo time, usam a mesma camisa, votam no mesmo partido político. Ninguém procura referências novas para viver. Se você domina a alma das pessoas, o saber, você domina tudo. Foi isso que a Igreja fez. Isto se reflete nos meus personagens em *Tigipió* e *Abril Despedaçado.*

O que o velho de *Tigipió* defendia não tem valor nenhum para mim. Virgindade? Desconheço essa história. Não é valor. Sexo é uma necessidade biológica, que está envolvido por essa cultura de afetividade, relação, conduta, tudo que deveria ser sutil, interessante. Mas continua sendo um código importante. Cheio de pecado. Aquele velho representa o anacrônico. Por sua vez, o outro, o engenheiro, não respeitava as tradições. Estava mais a fim de se dar bem. Os dois eram produtos desse interior que, quando floresce, floresce. No Nordeste, quando você colocar um homem perto de uma pedra, você relaciona se esse homem é filho dessa pedra. Esse homem pertence a essa cultura. Ela tem aspectos positivos e negativos. A minha história também é de homem da cultura da pedra. Só se sobrevive daquele jeito. Aprendemos a viver assim, a forma de sobreviver é essa, os valores são esses. Eram códigos bem fechados.

Quem rompe com aquilo está fora. Mas o tesão desconhece a lógica. É a natureza fluindo através das pessoas. É uma força que mantém esse planeta girando no espaço, que mantém esse universo inteiro.

Com certeza, essa não era a posição do velho. A administração desse conhecimento podia ter sido mais interessante no filme. Por mais que eu entenda hoje, não fui muito longe no personagem. Ele não tinha essa explosão de energia. Como estava escrito no conto, o filme ficou uma história de amor, que acaba com uma tragédia. Embora o conto tivesse valor, não tinha essa psicologia.

Talvez naquele contexto o melhor teria sido filmar como se fosse galã. Qualquer um vira, se deixar construir. Sou um belo arquétipo, sei que sou, neste mundo e no outro. Em qualquer portal que acionar, sou um belo espécime. Mas é difícil você achar que uma mulher que assiste novela vai pensar assim. Ela aprendeu a gostar de Mel Gibson, do que vem da Europa, do que vem de fora. Tudo que você teria de cativante é colocado de lado, porque eles foram ensinados a gostar de outro tipo. Então, se não tem nariz afilado, não é galã. Nós viemos da Europa, mas os cruzamentos geraram novos tipos. Vai dizer que Roberto Bonfim não é um homem bonito? Seria o galã brasileiro natural. A mulherada cai em cima dele. Como você coloniza, vai sempre em busca de alguma coisa que seja atual e *light.*

Veja Regina Dourado, bonita que ela só, representando a mulher sertaneja em *Tigipió.* Ela tem um vigor, uma força, traz natureza pulsando o tempo todo, o sentimento da vida que vai gerar, vai mudar, vai gerar o novo. É esse novo que, nós, brasileiros, temos que buscar. Esse personagem me deu a chance de mostrar que eu podia fazer algo diferente. Neste sentido, foi ótimo.

Em *O Baiano Fantasma,* Regina Dourado estava linda de morrer. Sempre tive essa sorte de trabalhar com mulheres lindas. Em *Mandacaru,* na Manchete, Teresa Sequerra estava belíssima. Fazia meu par. Era um casal bastante simpático na novela. As pessoas acreditavam piamente na união.

Fez um sucesso danado. Em *Carmem,* contracenei com Carmem Figueira, outro sucesso. Era uma loira esvoaçante. As pessoas adoravam o casal. As novelas tocam a juventude pelo formato. Em *O Baiano Fantasma,* a primeira vez que encontrei Regina, eu já estava com a roupa do personagem, que era toda listrada. Denoy falou para ela: *"Olha, este será o seu namorado". "Eu vou ter que me apaixonar por um desgraçado deste",* devolveu Regina. Nos conhecemos rindo.

Depois de *Tigipió,* a televisão me chamou novamente. Fui para o elenco da novela *De Quina pra Lua,* da Globo. Era um anjo. O enredo era sobre loteria. Houve depois uma regravação com Dercy Gonçalves. Eu acompanhava Milton Morais, um dos mortos da trama. Fazia dois personagens, Inspetor Peixoto e o anjo Clóvis. A partir daí, a Globo não me chamou mais e o cinema brasileiro começou a cair de produção. Não briguei com ninguém. Único problema que tive foi com Avancini em *Grande Sertão: Veredas.* Nem por isso deixei de trabalhar com ele em *Mandacaru.* Então, passei por um período difícil, fui para Brasília para fazer a peça *Canudos,* meu casamento acabou, não teve nada de positivo, quebrei muito a cara e, acredito, fechei um ciclo novo, no qual eu voltaria a trabalhar nas novelas da Manchete. Fiz *Carmem,* levado por José Wilker, que dirigia a novela. Era uma adaptação de Gloria Perez. Na direção das novelas, tinha gente como Luiz Fernando Carvalho (*Lavoura Arcaica* e *O Rei do Gado*) e Marcos Schetman. A ida para Brasília mudou muito. Ficamos seis meses lá e o projeto não saiu como queríamos. Um ano depois a peça desandou. Percebi que havia algo de errado, que era preciso mudar.

Capítulo XXX

A Transformação

Em Brasília, conheci um homem que me deu umas orientações, matou umas charadas da minha existência. Não digo o nome porque essa pessoa pediu para não ser citada nominalmente. Ela me disse: *"José, tua vida não deve ser por aí".* E me indicou caminhos. É a primeira vez que conto essa história em detalhes. De qualquer forma, vou falar pouco, porque não quero que avacalhem com o meu interior, o meu íntimo.

Quando falei que aprendi a ler porque assustei, vi uma imagem deste mundo em outro código. Percebi que alguém nos produz. Aí, essa pessoa olhou para mim e disse: *"Eu te acompanho faz tempo".* Havia um encantamento, algo que, quando eu não queria ir, me empurrava. Depois desse contato, em 1986, passei a compreender melhor a minha vida. Por que fiz tudo isso? Por que passei pelo que passei?

Sem misticismo barato, a partir desses lances maravilhosos da vida vi que havia algo mais que o sociológico e cultural na minha trajetória. Aprendi a ser um homem sensível, que mergulhou numa viagem até a alma para saber quem era, com todas as qualidades e defeitos que tinha. Viagens desse tipo estabelecem mudanças de verdade. Não é pela psicologia comum que se chega aí. Esse amigo, então, me mostrou que com a criatividade que tenho, podia ir mais longe. Então, girei a máquina do tempo e tudo batia com o que nós conversávamos.

Numa viagem de prospecção ao Cocorobó, na Bahia, para a peça *Canudos,* vi algo que poucas pessoas enxergaram na Terra: um arco-íris em preto e branco. Foi uma experiência desgramada de forte. Um sinal que aconteceu no retorno da equipe para Brasília, no final da tarde. *Canudos* mexia com o meu passado, com a minha emoção. Dois dias antes, uma amiga brasiliense, que jogava cartas, me fez a revelação de que eu encontraria um estrangeiro que mudaria minha vida. Realmente mudou. Conheci essa pessoa em uma noite em Brasília. Virou uma referência de vida. Internamente, uma mudança se processava em mim. Passei a ver tudo com mais atenção. Teve outros acontecimentos, que prefiro não contar. Entendi melhor o meu processo, minha pulsação, meu ritmo, a minha escola em todos os níveis. É uma pessoa que falou comigo e, na hora, vi que ela tinha autoridade para falar. Ele apontava onde eu devia mexer para crescer e destacava os valores que eu tinha. Foi como se abrisse um portal, um degrau a mais na vida.

Ele me recomendou que eu colocasse os sentimentos, a fala, a emoção para fora para eu me redescobrir. Comecei a produzir intensamente. Não sabia o que era. Se você pensar, isto não tem nada do paraibano clássico, do Severino. A abrir os meus arquivos internos e a escrever, escrever, escrever, tudo que aparecia neste caderno (páginas datilografadas com textos amarelados pelo tempo). No encontro, uma semana depois da revelação da cartomante, essa pessoa me pergunta se eu lembrava de um sonho da infância. *"Era eu"*, disse. *"Já olhava por você naquela época"*, contou. Foi uma emoção de lascar. Ou seja, não aprendi a ler do nada. Alguém puxou o cordão. Não há nada de mistério nisso. Faz parte dessa composição de mundo de pessoas que têm acesso ao mundo como um todo. Nossa responsabilidade com a espiritualidade é no dia-a-dia.

Passei, a partir daí, por um processo criativo muito forte. Quem fala que sou um "paraíba" que só faz papel de "paraíba" não sabe o que eu sei. Não sabe por onde passei, o que vivi. Ninguém sabe tudo na vida. O que aconteceu comigo nesse encontro é que ativei mecanismos que me indicaram caminhos. A gente procura e um dia encontra quem nos ajuda. Só que a humanidade não está nessa. Ninguém vai alcançar felicidade sem alcançar esses instrumentos. Na época, acordava e colocava o que pensava no papel. Era uma panela fervendo. Recriei minha história em um caderno. Fiz os quadros com as passagens da minha vida com ajuda de um amigo. Não sou pintor, não sei pintar, nem quero pintar. Tem as tatajubas da infância, tem eu velhinho no futuro. O fogo, a terra, a vida, o céu, o espaço. Essa era minha cabeça e não apenas a de Severino. Passei um ano para fazer esses quadros. É uma série, na qual coloquei para fora a imagem que tinha de mim mesmo. O nascimento. A terra. Foi um processo longo. Apagava. Refazia. Foi um ano realizando essas imagens (os quadros enfeitam hoje minha sala). Tem memória em tudo. Um navio saindo. É o dia em que fui embora. Está no espaço para a consciência planetária que passei a ter. Precisava saber o meu lastro. Quais eram as minhas armas? A partir daí, ampliei o conhecimento e mudei minha visão de mundo. Tinha consciência de que isso jamais geraria um livro. Essas memórias foram um exercício. É literatura de segunda.

Antes, o que vinha à minha cabeça era sempre o realismo social. Nesse momento, começaram a vir coisas de meu espírito, como esta frase: *Na travessia do universo, peguei uma Karmaria e fui nascer no Nordeste.* É uma brincadeira que resume como imaginei meu nascimento. Depois vieram imagens que se complementavam. Hoje, aciono o juazeiro como um significado de vida, arraigada, cheia de cultura. Minha cabeça é cheia de quadros. Sempre foi. Eu não usava. Eliane Caffé usou muito em *Narradores de Javé.* Um exemplo é o momento em que Antônio Biá escreve na parede: *Conheci um sujeito que era tão louco que não tinha cabelo, tinha capim na cabeça.* É uma figura maravilhosa como figura de linguagem. É o doido elevado ao quadrado. Não sei por que cargas d´água veio. Veio e coloquei. Foi um exercício de uma época em que eu precisava disso para o meu próprio bem.

Capítulo XXXI

A Manchete

Depois dessa revolução interna da minha vida, veio *Carmem.* Fazia um dançarino de gafieira. Carmem Figueira era o meu par. Hoje, ela, que abandonou a carreira de atriz, joga cartas, e muito bem. Vez por outra jogo com ela para ver o que vem aí. É uma pessoa muito decente. A gente fazia um casal muito bonito na novela de Glória Perez. Glória tem *timing,* tem pique para o folhetim. A novela tinha direção de José Wilker e Eduardo Ribeiro, que é meu amigo até hoje. Zé foi para Manchete e me chamou. A Manchete tinha feito *Dona Beja* e queria abrir mercado. Era um time de pessoas que estavam começando, como Marcos Schetman e Luiz Fernando Carvalho.

Ao me convidar, Zé pediu para que eu não fizesse forró. Foi bom, porque fugia do estereótipo de nordestino. Fiz umas dez aulas de gafieira e fui interpretar Aluísio. Um sucesso danado dentro do universo do folhetim.

Com Carmem Figueira, na novela Carmen

Foi um personagem enriquecedor. Pessoalmente, estava mais forte e joguei o vigor tropical no personagem. Se eu colocasse dentro do realismo do morro, do malandro, daria uma diferença danada. Ia ficar parecendo o povo do Rio falando com sotaque do Nordeste. Era gostoso de se trabalhar e, tenho certeza, isso se refletiu no sucesso da novela. José Wilker saiu da Manchete quando terminou. Eduardo Ribeiro ficou um tempo e trabalhei com ele em outras novelas.

Em *Olho por Olho,* que não foi bem, fiz um delegado. Se não me engano, o nome dele era Dr. Peçanha. Passou. Nessa época, comecei a não ser mais chamado pela TV Globo. Tinha mudado o perfil das pessoas que eles queriam. A nova geração só queria saber de estética. Pouco tempo depois, Jayme Monjardim foi para a Manchete. Fez *Pantanal,* o maior sucesso da emissora. Foi um período em que fiz pequenas participações no cinema. Em 1988, fiz *Minas-Texas,* de Carlos Alberto Prates Correia. A cabeça de Carlos Prates é mais louca do que a minha. Eu fazia um caubói e um Batman na mesma história. É um Batman da imaginação dele. Foi um barato fazer. Não entendi muito o filme. No *set*, o povo me via conversando com ele e comentava que a gente falava em "terceira dimensão". O filme tem cenas maravilhosas, mas era uma viagem difícil de ser entendida na época. Era inspirado na infância de Carlos em Montes Claros. Como ele é atleticano até a alma, tem um cavalo com o símbolo do Atlético Mineiro. Um barato.

Para ser sincero, acho *Cabaret Mineiro,* outro filme de Carlos Prates, melhor. É primoroso. Se *Minas-Texas* fosse uma chanchada, tinha feito o maior sucesso, mas ele preferiu fazer um humor mais *yuppie.* O grande barato do filme é a mocinha (Andréa Beltrão) ser apaixonada pelo meu personagem, e não pelo de Tony Ramos, o mocinho da história. Eu era o herói na cabeça dela. Carlos se inspirou em um cara de Montes Claros que contava essas histórias. Esse homem falava dos casos de amor que teria tido com Rita Hayworth, Joan Crawford, e o contato com os mitos do cinema, como Tyrone Power.

Então, a gente conversava em terceira dimensão mesmo. Foi uma experiência boa, embora tenha críticas muito pesadas. Esculhambaram com o meu trabalho.

Capítulo XXXII

Brincando nos Campos do Senhor

Nesta época, o cinema brasileiro cambaleava. Veio Collor e acabou de afundar tudo, um mês antes do início das filmagens de *Brincando nos Campos do Senhor (At Play in the Fields of the Lord)*, de Hector Babenco. Foi muito complicado. A gente tinha um mês de ensaios na Amazônia e já estava lá quando Collor anunciou o fim da Embrafilme. Tivemos que começar a filmar no dia seguinte, sem a preparação que Babenco queria. Babenco, um cara de muito talento, estava doente na época.

A produção era de fora. Os americanos eram bons de trato. Fiz um sargento que aparece no início do filme. Ele prende os americanos na fronteira. Era um policial que impunha sua condição. Lembro que o roteiro, de Jean Claude Carrière, era muito bom. Um belo romance. A direção de arte, deslumbrante, foi de Clóvis Bueno.

Apesar da relação com os americanos ser boa, o ambiente de filmagem era muito tenso. No geral, foi duro. Filmar em selva é sempre complicado. Tudo pegava. O meu personagem era o que o diretor queria. Não tinha liberdade alguma para criar. Fiquei preso ao roteiro. E, preso, eu sou uma droga. O formato, no entanto, era aquele. O legal foi o contato com a turma de fora. Eram pessoas agradáveis. O Saul Zaentz, o produtor, era exigente. Sempre se dirigia a Babenco. Quando a gente acertava, ele chamava o intérprete e fazia questão de elogiar. Foi o lado bom.

Tom Berenger era muito simpático. Falava fluentemente espanhol e conversava com a gente. Era bom de papo. Foi legal ouvir ele contando como se tornou astro de Hollywood. Não foi da noite para o dia. Ralou 20 anos no *show business* para virar o que é. Kathy Bates, de *Louca Obsessão* (de Rob Reiner), estava estupenda. Vimos que ela é maravilhosa, como são Marília Pêra e Fernanda Montenegro. Tom Waits falava muito. Daryl Hannah era uma simpatia só.

Kathy era a mais solta. Ela perguntava sempre: *"Where is José Dumont?"*. Uma vez a vi de costas, sendo maquiada, e pensei comigo: *"Que mulher odiável"*. Era a transformação dela no personagem. De todos, John Lithgow era o mais bacana. Como ele queria aprender português, a gente fazia uma espécie de intercâmbio. Ele corrigia minha pronúncia em inglês, que era muito ruim, e eu a dele, em português. Aprendemos muito.

Mesmo assim, o clima do *set* era muito pesado. No filme de Babenco, não havia espaço para relaxamento. Era uma tensão permanente. Não foi agradável mesmo. Respeito o trabalho dele. A Amazônia, a mata, civilização, tinha dentro de mim, mas não pude externar. O bom foi que, quando acabou a minha cena, numa tensão danada, Tom Berenger aplaudiu e todos foram atrás. Sempre tem uma porta no mundo. Quando tudo está contra você, nada está acontecendo direito; há uma manifestação positiva e as coisas começam a mudar. No final, Saul Zaentz agradeceu pelo meu trabalho.

Depois fui para a Manchete. O filme brasileiro não era mais brasileiro. Fiquei dez anos da minha vida sem filmar, na fase em que podia fazer uma variedade incrível de personagens. Agora, a idade não deixa mais. O cinema estava naquela estética televisiva. Foi uma época em que quem estava na Globo, estava no mercado. Quem não estava, estava fora. Até hoje é assim. Mas, naquele período, eu estava muito marcado. Fiz a novela *Carmem,* depois *Pantanal.* Em seguida, teve *Amazônia,* de Tizuka Yamasaki, que não deu certo. Fiz ainda o papel equivalente ao de Eriberto, o motorista que denunciou Collor na *Istoé* em *O Marajá.* Essa novela não deu certo mesmo. Foi uma forma que a Manchete inventou de ganhar dinheiro. Foram dias difíceis. A Globo não me chamava mais. O cinema estava parado. Ninguém produzia. Um sufoco.

Em 1996, a retomada começou a ganhar forma. Fiz uma participação em *Policarpo Quaresma – Herói do Brasil,* de Paulo Thiago. Neste meio tempo, Jayme Monjardim foi para a Manchete. Fez *Pantanal.* Foi uma novela bonita de ponta a ponta. Fiz dez capítulos. Era o pai de Juma Marruá, a protagonista, e marido de Cássia Kiss na história, que pulava uma, duas gerações. O Brasil via o Pantanal pela primeira vez. É um lugar absurdamente bonito. Foi um sucesso estrondoso. Depois que acabou a novela, Jayme ficou na Manchete e me chamou para *A História de Ana Raio e Zé Trovão,* onde fiz uma participação com Marcélia Cartaxo, com quem trabalhei em *A Hora da Estrela.* Era um vaqueiro, um peão, que tinha perdido um pé.

Com Marcélia Catarxo, em Ana Raio e Zé Trovão

Tem um encontro muito bonito com o personagem de Almir Sater, onde meu personagem falava de sua experiência, dizia que preferia morrer em cima do boi. De fato, ele morreu. Foi um dos tipos mais bonitos que eu fiz na vida. A mensagem era linda.

Terminada a novela, foi cada um para um canto. Como sempre vivi modestamente, fiquei fora, fui alijado do sistema, fui agüentando, ganhado minha vida aqui e acolá. Deu para viver com muita dificuldade. Tudo que ganhava eu juntava. Não dava para muito. Tinha essa experiência da Paraíba. Quando morria um irmão da gente, por incrível que pareça, a gente ficava feliz. Era um prato a menos. Um ovo para dividir para vinte pessoas era o quê? Fui levando minha vida com dificuldade. Mesmo alijado pela televisão, sobrevivi. Trabalhei muito na Globo quando os grupos eram dirigidos por Walter Avancini e Daniel Filho. Veio um time novo que só colocava quem eles queriam, porque só tinha eles. Também não cabia todo mundo. Tanto que, de 1986 para cá, fora uma participação em um especial de Guel Arraes, só trabalhei na Globo com Jayme Monjardim e em um *Carga Pesada* que Marcos Paulo dirigiu.

A Manchete balançou as outras com *Pantanal,* mas não soube se valorizar. Avancini foi para lá e montou *Tocaia Grande.* Trabalhei mais uma vez com ele. Fiz um jagunço, nascido da obra de Jorge Amado, o Né Cachorrão. Depois teve *Mandacaru.* Fazia um personagem que ficava bêbado e apanhava da mulher. Era Tertuliano, chamado por todos de Terto. A menina era Dinda, que Teresa Sequerra fazia. Bemvindo Siqueira, um ótimo comediante, era o cangaceirão, protagonista do folhetim. Era muito bacana.

Mandacaru foi um sucesso tremendo. Seu Adolfo Bloch (dono do Grupo Manchete) tinha morrido e os herdeiros prepararam o calote. Eles criaram uma firma chamada Bloch Som e Imagem, com outro CGC, e fizeram a novela com o intuito de dar um golpe. Deram. Enquanto Seu Adolfo foi vivo, havia dificuldade, mas ele administrava. Era um homem notável.

Um ótimo negociador. Não estava interessado em roubar trabalhador. São quase 500 pessoas que não receberam até hoje o que a Manchete devia.

Ao venderem a Manchete para a Rede TV, quando acabou a novela, eles simplesmente não pagaram mais a ninguém. Houve um processo de venda para a Rede TV, só que venderam a Rede Manchete, e a Bloch Som e Imagem, a laranja que produzia para a Manchete, foi ignorada no processo. Pimenta da Veiga, ministro das Comunicações na época, fez esse desfavor à classe. Ele sabia que era irregular, mas não fez nada pelos artistas. O Estado podia ter interferido. Eu não sei qual é o critério de um homem público para fazer isso. Nós não vamos mais receber esse dinheiro se o governo não interferir. Eles queriam era ganhar dinheiro. *Mandacaru* fazia muito sucesso, principalmente no interior do Brasil, onde chegava a 40 de Ibope. Claro que eles não diziam os números, tanto é que eles prolongaram a novela muito – para pegar o máximo de dinheiro, fazer o máximo de dívidas, não pagar ninguém e fugir com a grana. E foi assim que fizeram.

A novela do Paulo Coelho, *Brida,* já foi feita para fechar as portas mesmo. Eu não estou falando apenas por mim, são 460 pessoas que trabalhavam lá que não receberam nada. Eles deviam R$ 200 milhões só para o INSS. Como é que essa coisa é perdoada e é revendida sem incluir as pessoas que produziram? Porque não tem como negar que nós fizemos novela da Manchete. O juiz do trabalho deu ganho de causa para a gente, naturalmente. Mas quando você vai cobrar da Bloch Som e Imagem, ela não tinha patrimônio. Eles ficaram devendo até à padaria da Rua do Catete.

Pimenta da Veiga deve isso aos artistas e técnicos da extinta Manchete. Muita gente morreu por causa de uma assinatura dele. Tinha gente lá que trabalhava há 15 anos e quando foi ver não tinha um tostão de Fundo de Garantia recolhido. Com 60 anos, o cara vai para onde? Nós fizemos piquetes, pedimos dinheiro para o pessoal comer. É por isso que o Brasil é o que é. Não cabe a mim julgar, mas eu não sei qual é o nível humano de quem assina esse tipo de ato. Como um ministro pode ter feito isso? Sem o OK dele, a venda não teria saído e teríamos recebido. O filho de Adolfo Bloch, Jakito, hoje está por aí, feliz da vida. Em 2003, ele deu jantares suntuosos. A filha Jaqueline está em Paris. Era um grande esquema. Seu Adolfo tinha uma relação com o País. Quando a Manchete acabou, acabou o mercado de trabalho todo. O Brasil já não tem mercado de trabalho. Tem apenas a TV Globo, que produz muito bem, mas não tem espaço para todo mundo. É quem gera os créditos do cinema e do teatro. Aquele que está na televisão, acaba sendo chamado para fazer o cinema, teatro, comercial. Se você não está, está frito. Eu consegui sobreviver porque as pessoas gostam do meu trabalho, porque a imprensa sempre reconheceu o meu valor. É inegável que vivemos em um país onde a gente não pode escolher papel.

Capítulo XXXIII

Cinema, Televisão e Teatro

Como eu não tive formação teatral e eu acho que rendia mais no cinema, por uma questão de fotogenia, que o cinema captava melhor o que eu queria passar, eu acabei investindo mais no cinema. Por não ter uma voz colocada, que o teatro exigia, eu optei por uma coisa mais minha, mais do interior, de trânsito mais livre. E com fundo real, que eu acredito mais no cinema. É uma questão de linguagem, de veículo.

A televisão é mais rápida. Tem que decorar muito texto, o que não é meu forte. Mas, faço. No cinema, eu tenho mais tempo de elaborar, de me preparar como eu gosto de fazer, de colocar minha visão. Na televisão, você acaba tendo de descrever muitas cenas. É interessante como narrativa. A dramaturgia de novela é muito consagrada. Tanto é que o brasileiro vai ao cinema para ver um pouco de novela.

A televisão tomou conta, manda no brasileiro. Não é só no povão, não. O povão vai ver a novela, e o rico e a classe média vão ver a novela e pagam R$ 60 para ir ao teatro ver uma pessoa de televisão. E só vão ver os globais. Se o ator não estiver na televisão, fazer teatro, do ponto de vista do público, é quase sempre um fracasso. Com raras e honrosas exceções. Marco Nanini, Raul Cortez, Paulo Autran, Marília Pêra, Fernanda Montenegro, por exemplo, já eram consagrados antes de fazer televisão. O cinema, acredito, capta melhor a minha alma. Eu fiz tudo que é tamanho de filme. Tenho desde participações grandes até o que chamo de participação capilar, aquela que só aparece a ponta do cabelo. A vida exigiu que fosse assim.

Em *Policarpo Quaresma – Herói do Brasil,* de Paulo Thiago, faço um sargento lá no final do filme, quando o protagonista vai preso no forte de Copacabana. É um militar maluco. Gosto muito de Paulo José, que faz Policarpo muito bem. O filme foi bem feito, bem filmado, mas não me tocou. Depois fui para o Ceará, filmar com Wolney Oliveira. Eu tenho respeito pelas figuras que acompanham a nossa terra. O Padre Cícero, que Wolney me deu, foi um personagem maravilhoso de fazer. Tive contato rápido com esse universo na minissérie *Padre Cícero,* da TV Globo. Stênio Garcia era quem fazia Padre Cícero e eu fiz uma ponta como um governador do Ceará. O filme de Wolney era um documentário. Ele quis fazer uma reconstituição de um processo que a Igreja havia instaurado na época, para desvendar o mistério da beata Maria de Araújo, que acabou gerando o mito do Padre Cícero. A hóstia virava sangue quando ela colocava na boca. Isso foi testado exaustivamente.

Quando a Igreja abriu o inquérito para investigar o caso, o Padre Cícero ficou do lado dela, que era da sua paróquia. Foram juízes, médicos, a polícia, peritos repetiram os exames e dava sempre o mesmo sangramento. Não importava de que fonte vinha o sangue, o fato era que o organismo da beata chegava a um ponto de somatização que gerava a sangria.

A leitura divina pode ser feita de qualquer ângulo. Wolney escreveu o filme a partir do que estava escrito sobre Padre Cícero, inclusive com as falas do processo da Igreja Católica. Uma linguagem na qual não pude fazer o Padre Cícero que gostaria. Ele era uma figura ampla, contraditória, inteligentíssima, com valores místicos, uma força e capacidade enorme. Foi comerciante, político, mentor espiritual que soube como poucos impregnar o povo com os valores daquela Igreja. Ele tinha a capacidade de aconselhar, de gerenciar conflitos incrível. Sem dúvida, era um homem brilhante.

A população o entende como santo. Eu não tinha espaço para fazer um homem contraditório, rico. E não podia fazer um homem como eu gostaria de fazer, popular e ao mesmo tempo letrado. Quando ele escrevia na qualidade de depoente, o formato era intelectual. E na relação com a vida, ele era muito espontâneo. Infelizmente, a parte que me cabia interpretar era amarrada no texto intelectual, jurídico. Por isso, não foi prazeroso como esperava.

Eu estava gordo naquela época. Não exatamente gordura. Era mais um inchaço urbano, de angústia. Perdi 5 kg em 15 dias em um spa.

O filme é muito digno e, como documentário, é muito legal. A junção da dramatização e do documentário criou, na minha opinião, uma dificuldade para o filme. Ficou muito o processo, enquanto que a interpretação ficou muito no estilo do *Linha Direta,* de reconstituição. Fizemos a opção de não colocar a contradição. Então, não tinha como trabalhar a riqueza de dramaturgia que ele tinha. A imagem mais próxima do que seria um santo na cabeça do povo. Foi aí que eu trabalhei. Fiz um padre normal, como se fosse um Padre Marcelo, no sentido de uma pessoa que é respeitada pela população. Embora, para mim, a referência passada do Nordeste que me interessaria fazer, que eu gostaria de fazer, era ao do beato Antônio Conselheiro, que era humanista. Respeitos a esses humanistas - Dom Hélder, Gandhi, Jesus, entre outros.

Quando o Conselheiro falou *"o sertão vai virar mar, e o mar vai virar sertão"*, não era premonição socialista, não. Por ele ser tão tosco e profundamente humano, e se preocupar tanto com o ser humano, essa realidade acabou se apresentando como resultado, no campo magnético, na cabeça dele, como uma projeção. Acabavam aparecendo essas imagens que viriam, e virão. Um dia a terra se desequilibra, começa a ter enchente onde não tinha. Mas ele não conseguia datá-la, ao contrário de Nostradamus. Tudo que ele falou está acontecendo. Até hoje.

Ele viu o amanhã. Era médico preparado que curou muita gente e combateu aquela praga na Europa. Era o lado ruim devorando tudo e o lado bom criando atrás.

O renascimento é essa possibilidade criativa, que a natureza acaba fechando o ciclo e abrindo processos novos, quer o homem queira ou não. Nostradamus nunca falou em fim do mundo. Falava em fim de uma época e do surgimento

Como Padre Cícero em Milagre em Juazeiro

de uma nova raça, a da era de *Aquarius.* Não falou que o mundo ia acabar no ano 2000. O Conselheiro tinha um pouco disso. A diferença é que ele ouvia o galo cantar, mas não sabia onde. Ele via na República um demônio. E é. Porque ela não veio por uma mudança de base, como foi a Revolução Francesa. Veio porque alguém tirou do poder um homem notável, Dom Pedro II, e o substituíram. O que o Conselheiro via era sempre um período de decadência, de apodrecimento do País. O Brasil já perdeu 100 anos com essa história de República. E vai perder mais 100 se não tomar juízo. Se souber ter juízo, será um grande país em pouquíssimo tempo. O problema não era a República, mas a forma como foi implantada. Os latifundiários, os militares e a alta burguesia tomaram o poder e foram destruindo o País, que já era Primeiro Mundo na época. Falar do Conselheiro e saber quem era Antônio Conselheiro são coisas diferentes. Por isso que a peça não deu certo. Ele era um líder espiritual, um homem profundamente humano, mas que não conseguia decifrar aquilo que via. Ele usou o mecanismo da Igreja porque era o que ele conhecia. Da mesma forma que Dom Hélder foi profundamente ligado ao ser humano, ao Nordeste, por meio da Igreja. A religião não interessa, mas o que as pessoas fazem no seu dia-a-dia. Assim como Gandhi fez. Aliás, eu acho que o grande santo da humanidade foi Gandhi. Porque ele fez. Não prometeu, fez. Deu a liberdade a 500 milhões de pessoas e fez da Índia um país livre. Inacreditável. Se o Pimenta da Veiga tivesse pensado um pouco em Gandhi, não teria prejudicado a mim e aos outros amigos da Manchete.

O que eu queria dizer era que o volume do Padre Cícero como personagem é maravilhoso. Ele tinha visões, dava conselho, falava sobre ecologia antes de o termo ganhar vida no Brasil, mas também pregava os mecanismos de dominação da Igreja Católica. Com todas as críticas que faço hoje, tenho certeza que fiz o personagem com o carisma que ele tinha. E eu fiz com a maior dignidade possível.

Padre Cícero era um papa para os nordestinos. Era o nosso santo. Esse homem foi o prefeito, vereador, o deputado, o governador que não tivemos. Ele foi essa autoridade toda, mesmo seguindo os preceitos da Igreja.

Capítulo XXXIV

O Artesão de Cada Quintal

Fiz *Kenoma,* de Eliane Caffé, logo que acabou *Milagre em Juazeiro.* Filmamos no Vale do Jequitinhonha, interior de Minas Gerais. Um dos lugares mais pobres e, ao mesmo tempo, mais ricos do Brasil. Lineu, meu personagem, acabou ficando um pouco careca porque tive que cortar o cabelo para fazer Padre Cícero. Às vezes, como linguagem física, a gente não tem como se guardar de um personagem para o outro. Nem sempre faz com a adequação que gostaria. Eliane Caffé me chamou e eu saí correndo do Ceará para filmar em Minas Gerais. Lineu é um personagem que realmente tem a ver comigo. Defino ele como um Dom Quixote brasileiro. Divide-se entre a sensação de ser um gênio e um maluco, onde, acredito, trafega o artista. No limite entre a criatividade e a loucura. Tem uma linha muito tênue aí. Essa combinação, esse equilíbrio, essa capacidade de viajar, de investir nesta fantasia, é o próprio Lineu.

É como ser criança. Brincar com o que você acredita que pode te dar alegria.

No meu caso, o personagem me permitiu fazer uma viagem. Abria espaço para eu usar minha imaginação, fantasia e criatividade, tudo junto, o que até então eu quase não tinha feito. A história de Lineu batia com os meus sonhos. Se eu pudesse, iria povoar o Nordeste de motos-perpétuos. Por que não tem água lá? Por que não povoá-lo com cata-ventos? Cheguei no *set* com essa idéia do homem que cria na cabeça. Com tudo que o homem já criou, não faz mais sentido ter miséria no mundo. O problema é que as pessoas só criam para levar vantagem, para ganhar dinheiro. O olhar de Lineu era o inverso. *Kenoma* me dava essa possibilidade. Lili (Eliane) queria homenagear o artesão. Então, percebi que havia um criador atrás de cada casa. O Brasil, parece, não sabe produzir. Compra produtos do Paraguai, vindo da China, que poderiam ser feitos no quintal de casa. Por que comprar, se a gente pode fazer? Temos diversos tipos de energia que poderiam ser desenvolvidas.

Lineu é um pouco dessa vontade de criar. Se o Nordeste desenvolvesse esses meios, a energia seria mais barata e não poluente. No jantar que tivemos com o presidente Lula, na exibição de *Narradores de Javé,* conversei muito com a ministra de Minas e Energia, Dilma Roussef, sobre isso. Gostei de ver que Dilma Roussef tem idéias que batem com as minhas. Quando aprisionamos a energia dentro da lâmpada, percebemos que podemos fazer muito mais. Vamos viajar na velocidade da luz. Povoar outros mundos. Mas, se continuar do jeito que está, levaremos apenas soberba, imbecilidade e ignorância para fora. Tenho certeza que a Terra é só um entreposto. Viemos de outros espaços.

Kenoma me dava a visão de que existe um criador atrás de cada casa. O Nordeste poderia produzir essas energias alternativas. É só saber usar a inteligência sertaneja, essa capacidade do brasileiro mestiço. Fazer com que isso leve a uma tecnologia própria que não afete o meio ambiente, que tenha sentido coletivo, embora Lineu, no filme, pensasse apenas no projeto dele.

Com a equipe de Narradores de Javé, *a primeira-dama e o Presidente Luiz Inácio Lula da SIlva*

Mas, de qualquer maneira, o moto-perpétuo serviria aos outros. Em Lineu, eu não tive tanta liberdade quanto tive com Antônio Biá, personagem criado por Eliane Caffé e Luis Alberto de Abreu em *Narradores de Javé.* É fácil entender o porquê. Em *Kenoma,* Lili estava no primeiro filme. Então, minha liberdade foi mais, digamos, no lado emocional. Ela tinha lido um conto do Borges (Jorge Luis, escritor argentino) chamado *Ruínas Circulares.* A história mexeu com a cabeça dela e foi indo, indo, até a idéia do sonho, o sonho de cada um de nós. Quem protagonizava o filme mesmo era Jonas, o personagem de Enrique Díaz, Ele chegava para desbravar. Era um homem que perdeu as referências, mergulha no imaginário, vai para aquela vila, conhece aqueles valores e vai modificando a luta de Lineu. Aí, sim, tive possibilidade de fazer um trabalho mais ligado ao campo do ator. Menos ligado à figura do Nordeste. Lineu é mineiro, e profundamente universal. Foi trabalhoso, difícil, era o primeiro longa de Lili. A gente tinha muitas dúvidas. Como dar formato àquilo?

Kenoma significa *"onde não tem nada e tem tudo"*, em grego arcaico. Ou seja, um vazio pleno. É isso. De onde vem a criação? Transformar esse pensamento em algo crível não era fácil. Quando cheguei lá, vinha me preparando ainda no *set* de Padre Cícero. Era necessário se preparar melhor. Tinha que ser. Subir naquela máquina que Clóvis Bueno tinha feito era pirante. É uma geringonça muito bonita mesmo. Aquilo me trazia uma compreensão do que eu queria, me trazia imagens, sugeria emoções do que eu queria. *Kenoma* está na lista dos filmes que adorei ter feito. Tinha essa questão do sonho, da fantasia, que são os meus pontos fortes. Eu realmente podia criar um personagem. Lili era muito exigente, cobrava ponto, vírgula, tradução e tal, mas sabia arrancar o que queria do ator. Ela aperfeiçoou muito esse lado em *Narradores de Javé,* quando voltou com a corda toda. Sacou que o tom dela, assim como o meu, é o da comédia. Em *Narradores de Javé,* Lili amadureceu ao ponto de fazer de cada figurante um personagem. Eles são personagens mesmo. Têm uma história para contar e contam. Em *Kenoma,* durante as filmagens, eu corria todos os dias nas ruas. Lineu precisava ter aquele pique. Era um personagem de vigor físico. Tem hora em que ele virava a própria máquina. É esse tipo de dramaturgia que me interessa. O resto é dizer um texto, chorar, tipos de emoções das quais fujo. O moto-perpétuo tem símbolos outros. Todo mundo passou por aí. A máquina do filme foi copiada da idéia de esboços e estudos de Leonardo Da Vinci. Era uma tentativa do homem de resolver os problemas da comunidade, de melhorar a vida dos próximos. Há mil anos vem gente tentando. Até que Da Vinci provou que, mecanicamente, era impossível. Que a máquina funcionaria por um, dois, três anos, mas um dia pararia.

Até hoje existem muitos perpetuístas no Brasil. Lembro de um que foi ver o do cenário. Ele achava que a máquina ia funcionar. De tanto tentar construí-la, os homens acabaram descobrindo que a máquina funcionaria melhor com combustível. Portanto, com combustível, ela se torna eterna. Qualquer forma de combustível.

Olha como os processos são. É deslumbrante o auge da revolução industrial da Inglaterra. Quando o Brasil estava crescendo, os ingleses se juntaram com os fazendeiros daqui para destruir o nosso país que estava muito bem. Por isso, enquanto havia o Império, havia a fábrica do Coronel Delmiro Gouveia. Quando entrou a República, o primeiro ato foi destruir a fábrica, que é a história do filme *Coronel Delmiro Gouveia,* de Geraldo Sarno. Delmiro era um empreendedor do Império que se confrontava com fabricantes ingleses. Não estou defendendo reis ou imperadores. Destaco apenas um momento histórico nosso. Para se ter uma idéia, o primeiro telefone do mundo foi instalado no Rio de Janeiro. Volto a falar do Império. Santos Dumont foi fruto do nada? Não. Tinha um país atrás. Então, essa criatividade, colocada na figura de um artesão, foi nisso que eu me inspirei. Ganhei o Candango de melhor ator. Foi uma das grandes emoções que tive no Festival de Brasília. Tinha passado por lá com *O Homem Que Virou Suco.* Tinha ganhado também o Candango com Olímpico de Jesus Moreira Chaves, de *A Hora da Estrela.* Sinceramente, nem achei que iria ganhar com

Kenoma. Pensei que o Candango daquele ano seria de Marcos Nanini, que concorria com *Amor & Cia,* de Helvécio Ratton. Nanini é um dos nossos mestres, da mesma estirpe de Paulo Gracindo, Nelson Xavier, Othon Bastos. São eles na faixa dos 60. Eu na dos 50. E Chico Díaz, que é mais novo, tem uns 40 anos. São duas, três pessoas que sobreviveram duas décadas só no cinema. Em Brasília, foi uma grande emoção ter sido aplaudido de pé com *Kenoma.*

Nunca fui um cara de festa. Fiquei de ponta a ponta do *set* concentrado. Era para fazer um trabalho bem feito. Não saía do personagem. O elenco do filme era muito bom. Mariana Lima, Matheus Nachtergaele. Um espetáculo. *Set* tem sempre alguma coisa interessante. Lembra a cena do balão? É uma das mais belas do filme. Veio um pessoal de São Paulo para levantar o balão, uma turma da periferia. Imagina levantar aquele negócio com 18 metros. Os americanos filmam com dez, doze câmeras. A gente filmava com uma câmera só.

Até deslocar uma câmera, uma luz bonita danada, o diretor de fotografia, Hugo Kovensky, sofria. O balão só segurava uma hora. É uma das cenas de que gosto mais, porque representa um encontro com Deus. Lineu perde a fé. A máquina o decepciona. Ele vê o balão que dá a ele a idéia de remodelar a máquina.

Foi uma correria, porque a gente não tinha como fazer como os americanos nem como a televisão que tinha dinheiro. Quando o balão estava lá em cima, muito distante, vinham dois camaradas na estrada, um pouco distante do local em que estávamos; o motorista se assustou, jogou o carro no mato e quase capotou. Ficou em polvorosa. Pensou que era um disco voador. Era uma realidade muito diferente para eles. Não é um lugar em que sobe balão. De longe, via-se apenas a luz. Foi o mais inusitado das filmagens.

A queda do moto-perpétuo também foi interessante. Lili explicava para as pessoas: *"Olha, a gente não irá poder fazer essa cena de novo. Então, não façam barulho, porque o som é direto, não olhem para a câmera e não riam"*. A queda da máquina foi emocionante. Foi a única cena que teve duas câmeras. Não podia ter erro. Lili repetiu a ladainha toda, minutos antes de rodar. Ensaiou bem o pessoal que ia correr. Cinco minutos depois, ela dizia tudo de novo. *"Se alguém rir aqui, eu mato. Fui clara? Eu mato"*, berrava Lili. *"Entendeu?"*. Foi muito engraçado. Claro que as pessoas atenderam. O tom dela foi crescendo ao longo da preparação e tal. A região que filmamos é muito linda. É pobre, mas muito criativa. Em cada esquina, você encontra um artesão. A turma que canta no filme é de lá. Tudo que Clóvis bolou lá foi feito por gente da terra.

Capítulo XXXV

Terra Nostra

Fiz *Terra Nostra,* um grande sucesso de Jayme Monjardim, em seguida. Fazia o Batista, que era o cara que morreu de soluço na novela. Saí cedo da história, no capítulo 60, com a mudança de rumo da novela. Batista era um personagem muito divertido e fazia muito sucesso. Jayme me deixava criar. Ele tomava conta de uma cantina e enrolava um aqui, outro acolá. Não era mau. Cativava as pessoas para elas comprarem na mercearia. Ele só queria era ganhar o dinheirinho dele. Tinha um detalhe curioso de não poder ver uma mulher bonita, que engasgava. Tanto que morreu de soluço. Era só se emocionar que vinha o soluço.

Como boa parte dos personagens da novela, Batista falava italiano. Jayme me pediu, então, um choque cultural. *"Não quero que faça normal. Faça diferente",* ordenou ele. O sotaque vem exatamente destes choques de cultura.

São Paulo, por exemplo, fala português, mas tem uma prosódia italiana. É super, super, meu. Vem deste volume de gente. Um se encontra com o outro, forma um terceiro. O xis carioca é português, mas é um xis dilatado, descansado, já do encontro com os índios, com os negros. É o português que, em vez de encurtar como fazem os patrícios, dilata. Trabalhei o personagem em cima deste choque cultural.

Em vez de eu misturar o nordestino com o italiano e falar *ragazza,* eu falava *Dona Rasgaça.* É muito mais engraçado. Trabalhei, trabalhei até que o tom ficasse natural. Não podia ser um pastelão. Tinha de ser natural. O italiano junto com o nordestino dava um terceiro som. Recebia pequenas falas que eu ia, digamos, deturpando. Trazia o cotidiano para as falas. Saí da história porque o autor (Benedito Ruy Barbosa) achou que o personagem foi para um rumo que ele não queria. Falou-se em eu voltar como irmão dele, que eu também faria, mas não deu certo.

Walter Salles, esse cidadão do mundo que abriu caminho para a retomada com o sucesso de *Central do Brasil,* me viu em *Kenoma* e me chamou para uma participação em *O Primeiro Dia,* que ele dirigiu com Daniela Thomas. Lembro que cheguei a fazer um dia em *A Grande Arte,* que acabou cortado na edição final do filme. Fazia tempo que Walter queria trabalhar comigo. Ele e Daniela Thomas são danados e inteligentíssimos. Então, fiz uma cena curtinha, apenas para introduzir o personagem de Matheus Nachtergaele. O legal de *O Primeiro Dia* foi ter mostrado ao Brasil Luiz Carlos Vasconcelos, que tinha viajado o País com a peça *Val da Sarapalha.* Fiz um policial corrupto que não tem nada de Severino. É esse grande mal que está em todo o canto. Filmamos em um depósito de armas de verdade. É um dos ambientes mais pesados do mundo. Cada arma, um crime. Todos sabem que as armas são anunciadas por meio do cinema. Tem cinema que é bem feito e maléfico. É só olhar o que se vende nos filmes. Tem tudo ali. Pobreza humana. Filmar naquele local era muito pesado, mas o plano ficou ótimo.

A partir daí, Walter me chamou para fazer *Abril Despedaçado.* Ele disse ao Canal Brasil que sempre quis trabalhar comigo. Você só conhece um homem, um artista, quando convive com ele. Chegamos à Bahia um mês antes das filmagens e passei a conhecer melhor esse gênio do cinema brasileiro. As filmagens foram uma trabalheira só. Trabalheira prazerosa. E Walter dava exemplo. A gente via as atitudes do camarada. O que ele colocava à disposição. O chamamento das pessoas, dos intérpretes. Ele trazia todos para dentro do filme. Mostrou filmes, obras para referenciar o que ele queria. O que ele imaginava ser aquele universo. Seu Breves é um personagem dostoievskiano. Tem muito do cinema russo de Eisenstein. *Abril Despedaçado* é um show de planos, de qualidade. Walter pedia que nós nos preparássemos o máximo possível. Queria um filme sem mentira na interpretação. O plano geral, às vezes, engole uma mentira. O close, não. Luiz Carlos Vasconcelos trabalhou muito com Ravi Lacerda, o menino da história. Ele e Sérgio Machado se concentraram no garoto, de grande talento e que protagoniza a estória.

Em Abril Despedaçado*, com Rita Assemany*

Em Abril Despedaçado, *com Rodrigo Santoro*

Os ciclos econômicos estão muito presentes nos personagens. O Breves é o fim do ciclo do açúcar, do bangüê, e tal. É um agricultor superado pelo agronegócio do antagonista, feito pelo ator paraibano Everaldo Pontes. A gente tinha que transpor esse mundo para tela. Foi a chance que eu tive de fazer um personagem que se queixava de 2000 mil anos de história, de anacronismo. Então, me queixei mesmo. Queria fazer um totem. Em qualquer cultura do mundo, Seu Breves é um talibã, um homem seco, com aquela cara.

Os protagonistas de *Abril Despedaçado* eram Rodrigo Santoro e Ravi Lacerda, mas quem dava o tom era o Seu Breves. Walter me disse que todos eram importantes, mas eu era "especialmente importante" para ele. Deu uma responsabilidade danada. Era quase um técnico de futebol dizendo que eu era o capitão da equipe, do filme. Quando começamos a trabalhar, eles trouxeram dois bois com Nô e Dão, duas figuras que eram puro Guimarães Rosa. Naquele sertão com cenário de tragédia, Rodrigo Santoro um dia me emocionou. Ele, bonito que ele só, sempre tentando ser um bom

ator, fazendo um personagem muito difícil, hamletiano, dividido entre o poder do pai, a fantasia e a inocência do irmão, me disse que *"queria virar um Breve"*. Rodrigo entrou como parceiro. Tirou a roupa. Esqueceu Ipanema. Ele estava lutando para ser um nordestino. Tinha um respeito pelo outro. Hoje, ele faz parte da nação nordestina com muito orgulho.

Walter, antes de tudo, gostava da história. É um cidadão que te olhava no olho e tem um respeito profundo pelo povo brasileiro.

Walter era o artista o tempo todo. Cercou-se de todos os cuidados. Deu um exemplo que amava o filme, o povo, nos mostrou o *Homem de Aran* e *Nanook do Norte,* de Robert Flaherty, um documentarista norte-americano. É uma obra-prima. Um dos filmes mais bonitos que a humanidade já fez sobre os esquimós.

O ambiente do *set* de *Abril Despedaçado* era assim. A gente virava para cá tinha um filme, para lá um livro, para o outro lado a educação, a liderança de Walter e no outro extremo tinha o juazeiro, pedra, rocha, os garranchos. Era para reverenciar mesmo. Eu queria pegar um homem que atravessasse 2000 anos. Então, eu deixei de pensar em avião, relógio, carros. Em vez disso, eu pensava no carro de boi. É essa a história do círculo, do movimento, da roda com os cilindros. Comecei a estabelecer imagens, portais onde eu entrava. E comecei a refazer esse caminho, revisitei meu interior, minhas lembranças. Não ia fazer um senhor de engenho, mas um homem que perdeu todos os recursos. Era um ciclo de economia que se acabava.

Não foi assim que a terra foi ocupada? As pessoas perdem o poder e começam outros. E Seu Breves estava em desvantagem, realmente.

O código de vingança do filme é albanês porque vem do livro de Ismail Kadaré. No Nordeste, aquele código era mais próximo da vendeta italiana. Cada um vai brigando, um mata o outro e vai por aí. Mas tinha um valor. *"Eu não vou matar o filho dele não, eu vou matar é ele"*. A história que eu estou falando é de Lampião e Tenente Zé Rufino. Eles eram grandes lutadores e guerreiros, que ficaram de se encontrar, sem saída. Acabou que outro matou Lampião. Mas havia um código moral. Só assim um vai na casa do outro e diz o que aquele camarada diz para o pai do morto. É o tipo de interpretação que me interessa. Trabalhei muito até chegar àquele tom. Não é o tom espetaculoso. Há vários universos ali, inclusive o de bangue-bangue. Eu procurei viver nesses universos. Eu já tinha visto esse código de honra no Nordeste. Onde manter a palavra já valia muita coisa. Se ele fizesse uma verificação de seus sentimentos, acharia uma outra verdade.

Ele podia matar o filho, negociar. Mas, como aprendeu que o homem vai até tal ponto, ele foi. E aí destruiu a família. Há um código de honra bem estabelecido.

Nas filmagens, houve uma parceria maravilhosa com Rita Assemany, uma grande atriz baiana. Fizemos os laboratórios na bolandeira e com os bois, os dois. Eu me levantava de manhã e dava comida aos bois para eles se acostumarem comigo. A gente ia cortar cana. Walter queria que o corte de cana fosse um balé em termos de imagens. Cortamos muita cana. Walter mostrou um filme cubano. E aí eu mostrei a ele como nós estávamos cortando melhor. Tem uma hora, no próprio trabalho, que há uma harmonia de movimentos. E o que ele queria era aquilo. O crédito que Walter me deu foi ele ter me visto empenhado, respeitando ele, como respeitei a todos os cineastas, só que ele soube aproveitar, como poucos.

Seu Breves não foi feito para comover. Era pedra. Algumas coisas na forma de tocar os bois na bolandeira foram copiadas do Nô. Os comandos sonoros fui eu que criei. São sons condicionantes. O filme é sobre o condicionamento. Eu tinha que me comunicar com os bois, repetir os sons com suas variações. Lá pelas tantas, os bois rodavam sozinhos, uma das coisas mais geniais que já vi no cinema, como Walter planejava. Quem colocou o boi para rodar fui eu. Ensaiei 15 dias. Os bois não entendiam. Porque eu, fora, dava comida, água, dava sal. Mas, em cena, eu batia neles. Batia levemente. A força estava no visual e gestual. Era isso que o Walter queria: o condicionador, que aprisiona. Todos os Breves estão ali naquela prisão. A roda é a grande mandala nesses 2000 anos de desmando e massificação do homem.

Rodrigo mergulhou de cabeça no filme. Um dia, pegamos as espingardas e saímos os dois, como pai e filho. Falávamos apenas o necessário, mas sempre como pai e filho. Ele assumiu plenamente. Nunca esqueço o dia que ele disse que queria *"ser nordestino, ser um de vocês"*. A gente aprendeu a fazer rapadura, a cortar cana, a fazer circo. Não teve muito público, porque o ritmo era mais lento, não era um filme de perseguições, mesmo tendo algumas muito boas. Não era um filme de muitos crimes. E o público quer ver é sangue. Foi treinado para ver o lado espetaculoso.

Até o fim, eu, Rita, Rodrigo, Ravi mergulhamos no filme. A postura de Rodrigo foi maravilhosa. Foi amigo de ponta a ponta. Não teve essa história de maior ou menor. Éramos todos iguais. Em *Narradores de Javé,* fiquei o tempo todo com as pessoas, porque Antônio Biá e a história me permitiam brincar, me relacionar. O Seu Breves, não. Eu me colocava à disposição do meu personagem o tempo todo. Fui mais disciplinado. Em *Abril Despedaçado,* não podia ser doce como sou às vezes, porque me distanciava do personagem. Se eu fosse mais tranqüilo, teria mais dificuldade. Quanto mais eu me alijasse, ficasse no meu mundo (o do personagem), conservador, seco, mais eu passaria essa angústia na tela. Estávamos juntos, mas eu ficava resguardado, nesta condição de pai, de manter essa civilização ocidental anacrônica sob minha custódia. Era o chefe da família, o senhor. Como vi, como presenciei, como testemunhei é aquilo. Por isso, dá errado. O homem não sabe administrar. Quem educa, como disse antes, é a mulher. Tinha consciência e trabalhei por aí. O personagem tinha que ter uma cabeça medieval. Então, pensava em boi, capim, planta e tudo. Nada de praia.

Presenciei aquele universo. Meu avô era parecido. Não tinha o boi, o bangüê, o cavalo. Era mais pobre. Agora, a moral dele era aquela. Aquilo é um patrimônio maléfico universal. A intolerância. A inibição do outro. O não reconhecimento da individualidade. Tenho capacidade de expressar isso em palavras. Seu Breves não tinha. Ao mesmo tempo era valor estratificado, era a maneira de existir. Se não existissem esses valores no sertão, as pessoas sairiam se matando. Era uma forma deles de se organizar. Normas arcaicas, de colonizadores que vieram com o patrocínio da religião e da missão de quem chegou em um mundo maravilhoso como este. Conseqüentemente, veio o empobrecimento.

Walter sempre nos municiava, nos dava referências e trocávamos informações. Era superpresente. Saíamos da filmagem e andávamos uma hora até o hotel, depois de passar um dia inteiro debaixo de um sol de 40 graus. Quando eu estava cansado, fazia abdominal, e pronto. Tudo para não me desmotivar. Era a batalha pela vida. Sabia que era desse jeito. À noite, Walter ia para a edição, assistia aos copiões e trabalhava o tempo todo. Eu olhava e pensava comigo: *"É deste tipo de homem que a gente precisa"*. Explico. O Brasil precisa de gente que trabalha, que respeita e tem amor pelo que faz.

Todo filme tem algo engraçado. Em *Abril Despedaçado* também teve. Como foi rodado na Bahia, tivemos episódios interessantes, que nos fizeram relaxar, além do futebolzinho. Eu estava na porta do corredor do hotel, aquelas pousadinhas de interior, aí chega uma menina da produção, moradora do Leblon, da Zona Sul do Rio de Janeiro, e falou pra moça que estava na cozinha: *"Aê, querida, faz um sanduíche para mim com pão e queijo. Bem rápido, estou com a maior pressa. Vou ao quarto só pegar um documento. Estou vazando"*. Ela voltou com a maior pressa.

"E aí, está pronto o meu sanduíche?" - "Olhe, não fiz não..." - "Mas, por quê?" - "Pois é, você estava com tanta pressa que pensei que não daria tempo. Por isso, não fiz". A resposta dela foi muito boa. Sérgio Machado conta outra história. Ele passou por situação parecida, quando fez o pedido de forma apressada em um bar na Bahia. A mulher disse para ele: *"Antes de mais nada, boa tarde!".* É bom viajar que a gente vê esse tipo de cena.

Tenho certeza que *Abril Despedaçado* ainda vai ser reconhecido no futuro como um libelo. O menino, por exemplo, que não tinha nada a ver com ele, era com quem eu mais me identificava. Um ator maravilhoso. Ele ficava mais na dele. Era criança. Não se envolvia muito. Sérgio Machado é um amigo por quem tenho profundo respeito. Houve uma união feliz no *set*. A fotografia de Walter Carvalho é deslumbrante. Só luz. A história do menino, que se encanta com o livro que os andarilhos lhe dão, lembra a minha. Os livros vêm de fora, como o roteiro sugere. Tive contato primeiro com o cordel. Teve de ser vendido de fora. Na feira. A *Bíblia Sagrada* veio de fora. Quando há troca, não há problema em receber o que vem de longe. Depende de como chega. No caso de *Abril Despedaçado* é benéfico. É o símbolo da sabedoria, que permitiu ao menino viajar e passar para o irmão a mensagem. O menino era motivo de paixão do filme. A mensagem estava nele e naquele irmão que estava angustiado no meio do conflito. Nem podia ir para o lado do pai. Nem para o outro. Cada lado puxa para o seu.

Se o livro não tivesse chegado na minha vida, eu não teria mudado. Se o meu avô não gostasse de ouvir cordel, não estaria aqui, não teria ido ouvir aquela história e aprendido a ler. Estudei até a sexta e sétima série. Abandonei porque não tinha condição. Hoje, no mesmo lugar onde morava, talvez tivesse uma escola. Naquela época, a mais perto era a 20 km de casa. Tinha que ir a pé. Evito falar para não ficar parecendo heroísmo.

Zé,
Com um abraço
paraibano do amigo
Walter Carvalho
"ABRIL DESPEDAÇADO" Sertão da Bahia

Terminado *Abril Despedaçado,* fiz o especial na Globo com Gero Camilo, grande talento, um cearense que se formou na Universidade de São Paulo (USP). O do *Boto,* dirigido por Jayme Monjardim. Foi bom e rápido. Em 2001, começou a preparação para *Narradores de Javé.* Lili é muito boa de papo. Me ligava o tempo todo. Contava história para aqui, história para acolá. Foi um ano difícil. Tinha responsabilidades para manter na Paraíba com família. Minhas despesas no Rio de Janeiro. E os brasileiros jogando dinheiro nos filmes de Tom Cruise e esquecendo da gente. Não temos mercado. Se não produzirmos, não teremos nunca. Aí, vem a fome, a miséria no setor. Era para a gente ter 20 mil cinemas. Em *Narradores de Javé* foi outra história. Mas antes vou falar de *A Selva,* outra produção internacional que participei.

Leonel Vieira, o diretor, tinha feito recordes com outros filmes em Portugal. Fez boa bilheteria com *A Selva* lá, inclusive. O filme foi todo rodado na Amazônia. Eu era um seringueiro do mesmo núcleo de Chico Díaz e Zózimo Bulbul, dois grandes amigos. Chico é um mestre. Nasceu no México, foi criado na Colômbia, veio para o Brasil, é uma ONU e tem mais cara de nordestino do que eu. O seringal funcionava muito bem na história e houve um respeito muito grande. O elenco tinha ainda Cláudio Marzo, Maitê Proença e Diogo Morgado, o protagonista português. O livro de Ferreira de Castro, de onde o roteiro saiu, é sobre a escravidão, que era o seringal propriamente dito.

Num intervalo de filmagem de A Selva, *com Diogo Morgado, Chico Díaz e Zózimo Bulbul*

O diretor tacou uma *Panavision* no meio da floresta. Não me ligo nisso. O que vale é o olho do espectador. A gente pegou uma época de chuva. Era lama o tempo todo. Cabos espalhados no mato. Quedas direto. Chuva mesmo. Então, foi mais puxado ainda. A Amazônia é um impacto. É como chegar em Brasília. Tem, sem dúvida, outra energia. O clima é outro. Foi um baque. Peguei um clima meio pesado no início.

O meu personagem era muito forte e, num dado momento da história, ele tem uma relação sexual com uma égua. A história mergulha na escravidão, no ser humano, provoca espanto no português. Como pode um homem se relacionar com um animal? Aqueles seringueiros passavam um ano sem ver uma mulher. Tanto que o meu personagem no filme se apaixonava por uma menina de 14 anos. A relação não flui porque a história do personagem não foi contada. Mesmo sendo coadjuvante, ele tinha uma história interessante. É um homem que vive ali. Animal de ponta a ponta. Ele se apaixona pela menina e o pai não consentia o casamento porque o velho guardava a menina para o dono da fazenda. Revoltado, ele mata o pai. Mas tive poucas cenas. Três ou quatro. Se tivesse mais, teria feito um personagem muito legal. Como Leonel queria o personagem muito rude, muito perigoso, ficou dessa forma, sem apresentação. Ele já entra com a cena de sexo com a égua.

No livro, era uma cena fortíssima. Fiquei pelado e fiz o que tinha de fazer. Peguei como representação. Nas letras de Ferreira de Castro, tinha um viés profundamente humano. Ele era uma espécie de Saramago da época. A passagem dele pela Amazônia foi mais ou menos isso. Imagina o que foi para ele todo aquele cenário. Chico Díaz é o seringueiro-chefe que desenvolve uma amizade com o personagem de Diogo. Tive todo o cuidado para não parecer maníaco. Era apenas para ser grosso. Preferia ter feito o seringueiro como o operário de *Gaijin.* Mas o tom era mais pesado. A cena com a égua ficou legal, mas a crítica esculhambou porque, sem apresentação, não teve o vigor que deveria. Não preparamos o espectador para ela.

No entanto, em Gramado, depois da exibição do filme, fui cercado por uns 15 adolescentes na rua. Eles adoraram a cena. Diziam: *"Bah, como foi fazer a cena?"* As meninas riam. São valores de quem estava descobrindo o amor, o sexo. *"Gostei muito da cena. "É boa de fazer, né?"*, debochavam. Um gauchinho me perguntou: *"E aí, tchê, como foi? E a égua?"* Respondia, brincando, que tinha sido bom, que era diferente. Para eles, o que importava era que eu comi a égua. Como não houve apresentação devida, a cena ficou perdida na brutalidade imposta ao filme. O que deveria realçar, teve o efeito inverso.

Tive duas infecções brabas na Amazônia. Quando cheguei aqui para fazer *Narradores de Javé,* tinha uma mancha no fígado. A Globo tinha me chamado para fazer *O Clone* na época. Ia fazer o personagem que Roberto Bonfim fez. Fiquei com o filme, porque já tinha acertado. A mancha, descobri depois, era de nascença. Aliás, Bonfim também esteve em *A Selva.* Numa das cenas, ele com os seus 120 kg tinha que subir uma ladeira a cavalo. Foi muito engraçado. O animal caía o tempo todo. Repetiu-se a tomada até a vez que o cavalo subiu.

O que chocava o português era como a vida se apresentava às pessoas ali. A cena de sexo era complicada. Em *O Homem Que Virou Suco* tinha feito uma cena de sexo. Mas Batista trabalhava com toda a delicadeza. Na hora de filmar, no meio da mata, foi estranho. Chego no *set*, está tudo pronto. Leonel disse: *"Vamos rodar?"* Quando comecei, vi que era um cavalo. Reclamei na hora. *"O bicho não vai aceitar"*, chiei. Com uma égua já seria difícil. Lógico que o cavalo não ia aceitar. Ia era levar um coice. Os caras achavam que era tudo igual.

Meu personagem era instinto de ponta a ponta. Ele queria se vingar pelo fazendeiro não ter aceitado que casasse com a menina e foi se vingar na égua do capataz. Se fosse bem relacionado, teria dado certo. O filme, que tem o seu valor, não valoriza a cena, infelizmente. Quando ele vai falar com a menina parece um estuprador. Ele dá uma boneca de presente a ela e tenta agarrá-la. O pai vem humilhá-lo e leva uma facada. Ficou forte. Não tinha como ser delicada porque, como personagem, ele não era muito disso, de delicadeza. Em compensação, tivemos uma atuação soberba de Chico Díaz, um dos grandes atores do Brasil.

Em *Onde Anda Você,* uma das histórias que o personagem de Aramis Trindade fala é bem de Amazônia. Foi eu quem contei para a equipe uma história que tinha ouvido de outro amigo. Aquela frase *aqui não se trabalha com o cu*, que Aramis fala no final do filme, foi vista por um amigo meu paulista num destes puteiros da região amazônica, se não me engano no Pará. É poética. É maravilhosa. É o mundo onde estávamos. Como a frase foi tratada com delicadeza na história ficou ótimo em *Onde Anda Você.* No fundo, o amor daquele seringueiro por aquela menina era bonito.

Pedi mil desculpas a Jayme Monjardim e a Glória Perez por não ter feito a novela, que foi um sucesso monumental. Estava mal de saúde.

Em Onde Anda Você, *com Juca de Oliveira*

Tive uma ameba depois das filmagens de *A Selva.* Se as gravações de *O Clone* tivessem atrasado um pouquinho teria dado certo. Seria tão bom quanto o Aluísio, personagem que eu tinha feito em *Carmem,* um dançarino de gafieira. Acabei fazendo *Narradores de Javé.* Antes de mais nada, Eliane Caffé é como se fosse minha irmã. A criatividade dela não tem fim.

Desde o começo do projeto, conversava muito com Lili por telefone. Ela terminou o roteiro na 14ª versão. Lili amadureceu muito no segundo filme. Percebeu que o tom dela era o da comédia. O bom de *Narradores de Javé* é que eu pude criar muito. O texto dela e de Luís Alberto de Abreu era muito bom. Pude colocar um pouco da minha capacidade de ver o mundo. O tom de Lili é muito parecido com o meu. Tem a pegada do brasileiro, um povo alegre, e por se tratar de uma comédia, havia mais chances de trabalhar com versões.

Lili permitiu que eu criasse no *set*. A gente improvisava dentro da cena. Tinha mais tempo.

Com Nelson Dantas, em Narradores de Javé

Quando a gente chegou em Gameleira da Lapa, na Bahia, e começou a travar contato com a comunidade, as referências mudaram. A figuração, então, virou personagem, um corpo, um coro dentro do filme, da história. Antônio Biá era um personagem que me permitia criar, gracejar, trazer vários mundos para cá. Quando começaram a rolar os ensaios no *set*, aí é que a gente viu o que faltava e pôde acrescentar. O filme começava a ganhar vida. A gente percebia que a força dos figurantes era maior. Lili, como boa diretora de atores, trouxe a alma de todos para o primeiro plano.

Cada um tinha uma personalidade que, se a gente soubesse separar, compunha o quadro. Aí, então, começou a história que eles iam me dizendo. Eu tinha total liberdade. No final, a gente não fala em fugir, fala *"sair em retirada"*, numa cena em que saio de costas. Retirada, ele sai devagarinho, olhando para o inimigo. Repito a lenda do herói Indalécio no campo de batalha. Não é improviso. É saber trabalhar o texto. Não falei pra ninguém. Cheguei na hora e fiz. Antônio Biá sai por cima. Tudo de acordo com o personagem. Se não, eu não teria feito. Lili aceitou. Ela e Biá foram as pessoas mais brilhantes que eu conheci.

Biá voltou por cima e pôde se vingar das pessoas que tinham expulsado ele da cidade por causa das cartas. Tomou café, bebeu com velhos amigos e até namorou de novo. O fascínio dele é que era um personagem que eu podia brincar em todas essas situações. Jogar com a criatividade dele, que era enorme. Nisso, a gente tem muito a ver. Não quer dizer que não houve um trabalho exaustivo para se chegar àquele tom. Não diria, por exemplo, o que ele diz às mulheres, como na hora em que ele fala: *"Cala boca, Exu de galinheiro"*. Falei no ensaio, para a moradora se levantar com raiva. Lili gostou e deixamos. Funcionou. Ela levantou com raiva. *"Você me respeite"*. Então, disse: *"Tapioca de Exu serve?"* Era tudo no tempo certo. É uma brecha para voltar para a narrativa. Quando ela diz uma parte, eu já corto. Digo, isso você já contou, recontou e descontou. Contou e descontou é mais melodioso de ouvir. A cena começou a andar.

Com o elenco de Narradores de Javé

Aí, vem a história que ela conta e, claro, adormeço. É uma história chata na cabeça de Biá. Para ele, a grande história era chata. A pequena história de cada um, o grande valor do filme, Biá não conseguia entender. Não alcançava. A partir dessa cena, o filme se aqueceu. Veio a emoção popular, o tom brasileiro, sem perder a seriedade. Iami Rebouças, grande atriz de Salvador, foi no *set* só para fazer aquela cena em que dou beijo nela. É uma atriz no nível de Rita Assemany. A cena é muito bonita. Ele com a rosa na mão.

A história da dentadura, fui eu que coloquei. É caco. Um prato cheio para dizer um monte de coisa. Quando ele coloca a chapa, começa a gozação. A gente sabe que é ele colocando e o espectador começando a rir. *"Parece um jacaré apaixonado"*, falo. Se a gente buscar a figura de jacaré apaixonado deve ser muito engraçado. *"O senhor está um pão"*, disse. Pensei e trabalhei na cena. Não foi só jogar para fora. Eliane Caffé pediu expressão corporal. Corria, andava e não sabia ainda como faria.

Um dia, flagrei ela e a irmã, Carla (diretora de arte), fazendo *kung fu* num lajedo. Era uma sintonia. Movimento para lá, para cá. As cabras pastando olhavam e não entendiam nada. Fiquei observando. Um pensamento traz o outro.

A cultura de interior tinha muito desses elementos. Só passava nos cinemas, quando havia, sexo, bangue-bangue e *kung fu.* O melhor seria o sexo. Mas não cabia, não dava para representar na história. Então, levei *kung fu* para o filme. Na hora de filmar, quando os populares vêm me atacar, dou golpes dessa arte marcial. Como Biá era meio palhaço, dou golpes toscos. Ficou na linguagem corporal dele.

Também gosto muito da cena em que Biá monta a cavalo. Ele vem com Maurício Tizumba, outro excelente ator, cantando e eu só digo o refrão. Só falo *"oió, oió"*. Deito em cima do cavalo. Biá era um personagem que interferia o tempo todo. Houve também muita tensão porque Lili era muito exigente e o filme era muito caro. Imagine o que era administração de egos, da segurança de todo mundo, da dela e da minha. Mas não faltava nada. A produção de Vânia Catani foi eficiente em tudo e nos permitia trabalhar com segurança, conforto e, principalmente, a alegria que a fita precisava ter. Nunca fiz um filme tão prazeroso. E, todos sabemos, produzir não é moleza.

Às vezes, não dormia antes de começar os filmes. *"Como vou fazer isso?"*, me perguntava. Todo dia corria na estrada. Ficava parte do tempo com a equipe e parte sozinho. O universo do personagem era esse. O universo de quem cria. Se não, ficaria sem sabor. Daí, expressões como "*Pokémon* de Jesus" na cena em que os irmãos velhos estão brigando. Orlando Vieira e Roger Avanzi são geniais mesmo. Dramaturgicamente, é uma tomada muito bem transada. É uma das cenas mais bem definidas do filme. Quando saio, tem um bigode de arame lá fora. Falo com ele e percebo que é gago. Digo: *"Respire, fale, transpire, fale"*. É uma maneira espontânea de falar. É do próprio Nordeste.

Muito do que dizia era texto ou criava nele. "*Pokémon* de Jesus" todo mundo entende porque a televisão chega lá. O que não chega é comida e educação. Mas não tem barreira para o que vem de fora. Como é dito com seriedade, o povo morre de rir. Lili gostava, porque via que tinha muito dela naqueles improvisos. Os autores se sentem felizes quando vêem que alguém está fazendo o seu personagem, está criando nele.

O roteiro, como digo sempre, é só um caminho. O personagem é maior do que está escrito. Quando ele vai para o corpo, para a água, para o banho, ele ganha dimensões. Às vezes, perde. Em *Kenoma,* Lineu estava todo escrito. Fui até onde podia ir. A obra só acaba quando o espectador assiste. A gente sente no filme a interação com a comunidade. Lili trouxe a população para dentro do filme. Ela é parte. As brincadeiras fizeram as pessoas relaxarem e virem para dentro da história. Virou algo doméstico. Um fala com o outro. Ele rebate. Parece uma discussão sobre um jogo de futebol. Essa paixão do brasileiro discutir qualquer coisa. Acontece no Fla x Flu, Corinthians x São Paulo, Brasiliense x Gama. É a capacidade de prosear. Agora, tem que ter qualidade. Se não fica uma prosa barata. Os notáveis parceiros de cena também criavam bastante. Luci Pereira foi a revelação, mas tivemos ótimas sacadas dos mestres Nelson Xavier, Rui Resende e Dona Dalva, "a manicure de lacraia". Foi um barato!

A cena em que Daniel fala do pai dele, a única parte dramática do filme, Biá não interferiu. Ali era hora de respeito. É o único trecho em que Biá realmente se toca. *"Escuta"*, ordenou Lili. Biá tentou escrever a história do povoado, mas qualquer um teria dificuldade de contar aquelas narrativas em quatro dias. Não se fala tão rápido de um patrimônio histórico. Até a *Bíblia* é um amontoado de versões.

O jeito de Biá era mais de poeta de que escritor. Tinha ainda a história do *clown,* que eu achava um barato de fazer, como quando o cara vem, bêbado, e luta com a casa. Essa é a linguagem do palhaço, que está na gente.

A primeira imagem que eu tenho em Gameleira da Lapa é de um lixo que eles batalharam para limpar. A equipe se juntou com a comunidade para limpar e apresentar bem a cidade. A primeira cena que eu vi foi Eliane ensaiando com três moças da cidade, bonitinhas, a seqüência dos peidos. As meninas estavam mortas de vergonha e riam pra caramba. Lili falava: *"Agora você peida e pula para frente".* Como se fosse uma retropropulsão. Eu não bebo, mas você não diz que aqueles caras não beberam.

Em Recife, ganhamos vários prêmios no Festival de Cinema. Eu ganhei o prêmio de melhor ator em Recife e no Rio. A mesma felicidade que tive com *Kenoma,* em Brasília. Eu estou falando pelo respeito ao público, que me aplaudiu de pé. Não fui no Festival de Recife porque tinha vindo gravar na Globo um episódio do *Carga Pesada.* Mas, no Festival do Rio, fui aplaudido de pé. Ver que as pessoas reconheceram meu trabalho é muito prazeroso. Recebi elogios da imprensa, do José Wilker, que faz crítica no Telecine. Zé Wilker gosta muito dos *Narradores de Javé.* O forte apoio dele foi muito forte para o filme e para mim. Ele me valorizou enormemente.

Um ano depois, fui homenageado pelo Festival de Recife. Alfredo Bertini, diretor da mostra, me deu a camisa do Sport. Ele era da diretoria do Sport. Eu nunca tinha ganhado um prêmio no Nordeste. Eu me sinto feliz de ter feito o melhor possível. É bacana ver que as pessoas reconheceram. As que não reconheceram, também respeito, desde que não me venham com grosserias ou imbecilidades. Quando vêm, eu faço vista grossa.

Capítulo XXXVI

Na Sala com Lula

Narradores de Javé nos levou para o Palácio da Alvorada, em Brasília. Fomos convidados para uma das sessões privativas do presidente Lula e da primeira-dama, Dona Marisa. Foi muito bom. Não deixou de ter momentos engraçados. Por exemplo, depois da projeção, na hora do jantar, conversamos com Lula e seus convidados sobre os acontecimentos das filmagens. Foi feito um mutirão para limpar a cidadezinha onde a gente rodou. Isto está no *making of* de *Narradores de Javé.* Pegava mal o filme ser feito numa cidade tão suja. Então, Lili começou a contar essa história a Lula. A gente na mesa e Lili contando tudo nos mínimos detalhes, que muitas casas não tinham banheiro, que algumas não tinham porta e que algumas tinham fossas abertas no chão. Ela lembrou que nos quintais havia muito porcos, fezes, poeira e fatores propícios a gerar doenças. Tudo isso na hora em que Lula saboreava uma *mousse* de chocolate.

Eu estava perto e cutucava Lili, como se quisesse dizer: *"Lili, o homem está comendo"*. Minha vontade era dizer: *"Menina, você não imagina o que essa mousse pode lembrar?"* O melhor foi a cara de espanto da produtora Vânia Catani.

Foi um encontro muito bom. Qualquer pessoa se sentiria bem em ter chegado até ali: a mesa de jantar do presidente da República. Não me iludi porque sei que foi o filme quem me levou lá. Para mim, a sensação era de estar sentado em qualquer lugar, apesar da mística. Do ponto de vista humano, o ambiente era normal, como qualquer outro. Se eu me sentia de alguma forma valorizado, era pela própria história de Luiz Inácio Lula da Silva. O nível de respeito era o mesmo que eu estivesse num casebre. Mas estava no ponto máximo do País. Era para ser aproveitado. Entrou para minha história.

Como éramos convidados, as conversas foram amenas. Falamos sobre tudo. Nossas vidas, fatos do País e, claro, sobre *Narradores de Javé.* Os políticos presentes – Eduardo Suplicy, Ana Júlia

Carepa, Dilma Roussef, Eduardo Siqueira Campos - falavam de códigos particulares deles, assuntos que interessavam a esses homens públicos. Nada que tivesse cunho específico. Imagino que deve ser terrível passar o dia legislando. Conversei muito com a ministra Dilma Roussef (Minas e Energia) sobre fontes de energia do País. Disse a ela o quanto era indignado pelo Brasil não ter desenvolvido as fontes alternativas, como a energia solar e eólica. Ela disse que o governo tem um plano que será desenvolvido aos poucos. Foi com quem mais eu conversei. Espero que façam logo, porque um dia o petróleo acaba. Todo mundo sabe disso.

Lula, quando me viu, brincou. Ele disse: *"Eita, olha um cabra da peste do Ceará"*. - *"Sou paraibano"*, respondi. *"Então, é do Nordeste. Estamos em casa"*, retrucou Lula. O presidente me identificou pela cabeça ou por filmes como *O Homem Que Virou Suco,* filme muito visto no movimento sindical nos anos 80. A sessão foi muito agradável. Respeito muito Lula, como respeito as pessoas que batalham pela vida e conseguem seus objetivos.

O que vem depois depende do histórico. Lula é um vencedor, sem dúvida. Por isso, me senti em casa na casa dele. Adoraria que todo cinema brasileiro fosse como o do presidente: confortável, com som bom, tudo bom. É um cineminha maravilhoso. Tem até cadeiras giratórias. Foi bom ter conhecido um pouco desse homem que lutou tanto pela vida e chegou ao posto máximo do País. Agora, torço que ele e seus ministros façam o que prometeram.

Capítulo XXXVII

O Radialista

Voltei à estaca zero depois de *Narradores de Javé,* rodado em 2001. O ano de 2002 foi um ano insuportável. O que ganhei em *Narradores de Javé* eu dividi em várias parcelas. A minha vida é meio aquelas parcelas das Casas Bahia. O ano passado foi especialmente difícil. Em 2002, eu fiz o *Onde Anda Você,* do Sérgio Rezende, com quem trabalhei em *O Sonho Não Acabou.* Ele me chamou para fazer o Jajá, um personagem muito gracioso. Tinha feito *Narradores de Javé.* Tinha essa vontade de querer fazer comédia. Está mais próximo daquilo que eu faço. Eu acho que a comédia te mostra mais saídas para os problemas que o drama. É o meu caminho natural.

O *set* foi bom. O Ceará, onde o filme foi rodado, era muito bonito. O Juca de Oliveira é um grande ator; Aramis Trindade também. José Wilker, notável como sempre e muito engraçado, estava lá no elenco.

Regiane Alves, que não conhecia, é uma ótima pessoa. Tiago Moraes é muito boa pessoa. Sergio é muito legal de trabalhar, te trata muito bem. Fiz legal o que cabia. Adorei. Jajá é um radialista de AM, mergulhado ainda naquele universo dos anos 70, do romance, dos humoristas, que Juca traz à tela. Havia o tom nostálgico da boemia. Grandes pensadores da nossa literatura e poesia eram boêmios. Eram caras que iam no bordel, bebiam, namoravam. O Jajá era do tipo. Hospitaleiro, amigo, desses que sempre preparam aquela recepção genial. Essas coisas é que fazem o cinema ser tão bom. Esse é o frescor. Talvez, se eu fizesse no teatro, não teria o mesmo efeito. Jajá adorava as putas. Chamava elas de "docinha". Você chamar uma puta de "docinha" é tão bom.

A mesa que ele usava era típica do Nordeste e, claro, morava em um lugar paradisíaco. Queríamos tanto que tivesse sido filmado no Piauí, mas o governo de lá não deu apoio. Filmamos, então, no Ceará para ficar mais barato. Ele apresenta Teresina com uma criatividade enorme e pegou os comediantes do Ceará com a escola do deboche, do bom discurso, que eles são bons de oratória. Aquelas participações deram à cena uma riqueza enorme. Chamou no rádio porque, naquela época, os caras faziam esse tipo de programa de calouros. Não estava na categoria do comediante sofisticado. O Felício, personagem de Juca, falava *"Isso não tem valor para mim"*, mas para eles era o máximo. Tem coisas geniais, como o cara que toca o Hino Nacional com o sovaco. O Jajá é o apresentador desse povo, que tem humor, graça e sabe viver.

O reencontro com o Sérgio Rezende foi ótimo. Nós jogávamos bola quando éramos vizinhos. Depois ele se mudou para Copacabana e nos distanciamos. Aramis Trindade, que faz uma participação, é sensacional, um dos craques da safra nova. E um imitador em potencial. A cena final, quando Felício se despede da vida na pensão é maravilhosa. Em *Narradores de Javé,* eu tive mais espaço para criar. No caso do Jajá, adoro aquela cena inicial. Depois das filmagens, eu entrei na entressafra. Não aconteceu nada. A ponto de minha irmã Neusa, que não tinha um tostão, ter de me emprestar dinheiro. É a pessoa que eu mais amo na vida. Essa eu quero que seja citada. Meu pai, também, pela referência que me deu como homem de valor e ela pela companhia. Nós estamos sempre juntos. Conseguimos gerenciar coisas da família, que tem muitos problemas. Ela é a síndica da família. Aos 50 anos, Neusa comprou um carro e aprendeu a dirigir. São esses saltos que a gente dá na vida. Eu estava sem dinheiro para comer. Ela vendeu o carro e me deu R$ 2 mil. Ano passado, foi o pior ano da minha vida e ainda teve um maldito assalto, que conto já já.

Em *Maria, Mãe do Filho de Deus,* eu faço três cenas apenas. Eu digo brincando que me queixo muito de Moacyr porque ele filma muito rápido. O que é para fazer em seis dias, ele faz em quatro. É um ótimo diretor de atores. Trata todos com muito carinho. Como a gente trabalha por dia, a gente acaba perdendo dinheiro. Gostei muito de ele ter me chamado, porque é uma grande janela do cinema brasileiro que se abre.

Com Luigi Barrichelli, em Maria, Mãe do Filho de Deus

É mais mercado. O filme é sobre valores cristãos da sociedade, o ajudar o outro, o saber ser tolerante. Ele pediu que eu fizesse o diabo. Não sei como danado ele descobriu que eu podia fazer diabo. É claro que fiz o diabo dentro da concepção cristã de que o filme propunha. Não como eu acho que fosse.

Moacyr escreveu três cenas. Tinha boas falas. Eram as passagens da tentação de Cristo no deserto. Adorei a cena. Era aquele diabo presente, aquela entidade. Filmamos no Rio Grande do

Norte, na Ponta do Mel, região linda. Falei para Moacyr que faria o diabo, mas não como o cinema sempre fez. *"Moacyr, quero fazer o diabo que existe em cada um de nós"*, propus. Então, fiz aquele que se passa por amigo.

O diabo é uma energia. Uma energia presente na vida. É um mal necessário. A gente está num caminho, precisa de um sentido de mudança, acontece algo que nos dará outro caminho. O diabo é uma energia de mudança. Existe. Não fica incorporando em ninguém. É assim que o vejo. Jesus nunca teve um demônio que tentasse ele. O que ele teve foi um mensageiro com quem ele conversava e trocava idéias. A Igreja que transformou o capeta no que não tem nada a ver. Tudo indica que Jesus, por ser seguidor de João Batista, que era seguidor dos essênios, um povo que dominava as ciências ocultas, tinha conhecimento de magia e dos valores profundos da vida. Eram bem avançados espiritualmente e Jesus aprendeu muito com eles.

Os essênios, provavelmente, tinham influência budista, já que teriam vindo do norte da Índia, hoje região da Caxemira. Os mensageiros intermediam esse mundos. Como têm trânsito livre, são malandros e têm conhecimento. Jesus não foi para o deserto para se purgar. Foi meditar. Ia sempre lá, jejuando no processo de meditação. Ele foi pelo lado do santo e se deu mal. A verdade é que, infelizmente, todo santo acaba mal. O diabo, como essa energia que produz a quebra, é o amigo falso, o materialista, o interesse imediato, está dentro de cada um de nós e fora também.

O que eu fiz em *Maria – Mãe do Filho de Deus* foi tentar colocar esse ponto de vista. O diabo até acaricia Jesus. Moacyr, felizmente, sacou. Como estamos diante da imaginação da criança, é um diabo nordestino. É uma projeção da cabeça da menina que apresenta a história. Jesus era um humanista, como Antônio Conselheiro e Gandhi foram. Estou falando da história como sei que é. Não da história ecumênica. Falo do Jesus do possível dentro dos fatos. No final, prevaleceu o amontoado de versões. Ele tinha os conhecimentos. Pude colocar o diabo de forma muito mais confortável porque sabia que era deste jeito. É o malandro, o bandido, maléfico, sim, porque não tem consistência.

Padre Marcelo gosta muito do meu trabalho e nos respeitamos muito. Embora minha visão seja diferente da Igreja. Para mim, houve dois Cristos. O do Nazaré é um, o de Belém é outro. Respeitei a versão deles, afinal fui contratado. E tem mais. Na época de Cristo, o termo virgem significava *"mulher de aparência jovem"*, senhorita, e não selo virginal, como pensam ainda hoje.

Em *Irmãos de Fé,* outro filme de Moacyr Góes, eu fiz o apóstolo Tiago. Há indícios de que realmente era irmão de Jesus. Ele teve irmãos. Carnais. A *Bíblia* nega. A Igreja negou. O filme também nega. Realmente, teve. Morreu na cruz? Pode ter morrido, pode ser que não. Provavelmente, não. Respeitei a visão deles. Foi muito prazeroso trabalhar com Padre Marcelo e Moacyr outra vez. Se fosse algo contra o aborto, contra a mulher, contra o homossexual, não teria feito. Não contem comigo para difundir esses males que a Igreja perpetua. O cinema brasileiro está começando a aprender a gerar riqueza em um cenário que não havia sido descoberto ainda, como foi o caso do Rio Grande do Norte, em *Maria, Mãe do Filho de Deus.* Imagina quantas pessoas idosas voltaram ao cinema para ver seus credos, estabelecer contato com seus mitos, seus santos. Tem valor desde que se saiba lidar. Se vemos o Jesus de fora, por que não ver o nosso, com nosso sotaque, nossa cor? O filme traz essa referência, que é o Padre Marcelo, representando esses personagens. Os apóstolos, no caso de *Irmãos de Fé,* e a interação da comunidade com Jesus, no caso de *Maria – A Mãe do Filho de Deus.*

Em *Irmãos de Fé,* faço Tiago, um dos apóstolos. Fui promovido. De diabo a apóstolo. Como tudo é divino, prefiro a luz, mas, lembro, a luz fraca vira sombra. *Irmãos de Fé* é a *Bíblia* no cinema. Pregando o viver contemporâneo, essa sociedade de hoje e entrelaçando os dois tempos, dois mundos com seus valores. O mundo está tão mal, que o que vier em nome do bem é positivo.

Quando a gente fala em tolerância, em aceitar o outro, que é o personagem de São Paulo, personagem que difundiu no mundo a doutrina cristã. Padre Marcelo se identifica com Paulo. Não é à toa que ele escolheu Paulo para fazer o filme. Levou a proposta social dele para falar de intolerância. A propósito, meu personagem é o intolerante do filme. Apareço apenas cinco vezes. É uma participação especial. Tiago Lacerda faz Paulo. Pedro, que Othon Bastos faz, é shakesperiano. Othon domina a voz como poucos.

Tiago, que poderia ser irmão carnal de Jesus, se o formato do filme fosse este, eu poderia ter feito diferente. No filme, são todos irmãos de fé. Paulo era difusor. Ele teve uma visão, uma experiência mística, que, segundo ele, fez sua personalidade, sua crença. Paulo era judeu, quando ainda era Saulo, seguiu os romanos e depois virou cristão, depois da experiência que viveu. Deve ter sido muito interessante. São esses sinais que todos nós temos.

Com o desaparecimento de Cristo, Tiago e o agrupamento perderam a referência, entraram em processo de desarmonia, mas continuaram lutando pelas idéias da nova seita. O que aconteceu com Paulo foi fora de Jerusalém. Tiago era doutrinador. Paulo era arrebanhador. Tiago era predisposto a ditar regras. Como defender Tiago? A carta que li de Tiago vem do *Evangelho Apócrifo*. Não é a do ecumênico. É a que está no filme. O apócrifo é muito rico. A Igreja ficou só com o ecumênico. Então fica só uma narrativa, mais fantasia do que tudo, com alguns aspectos reais. A carta de Tiago é maravilhosa. É um ponto muito forte do filme, onde eles debatem. O momento era muito tenso. Eles estavam sendo perseguidos. Não podiam pregar. Os encontros eram sempre nas casas. São dois ou três encontros. Foi um período de pobreza extrema, mas a crença na Igreja que surgia era absoluta, resistia e a nova seita crescia. Sem dúvida, uma bela história.

Tiago era a favor de que os preceitos judeus fossem preservados. Tiago defendia que, sem base, eles não chegariam a lugar nenhum. A base era a cultura judaica. Era a idéia da cultura base. Achava que os valores que estavam na *Bíblia* tinham de ser preservados, valores como circuncisão, não comer carne aos sábados, entre outros. Ele queria que as pessoas se convertessem ao judaísmo para poder aprender o que Jesus tinha pregado. Não sei quem está certo ou errado. Paulo não aceita e vai fazer do jeito dele. A pressão fica maior em Jerusalém. Pedro é preso. Aí, houve o famoso Concílio de Jerusalém, onde esses líderes religiosos decidiram os caminhos da Igreja.

São as cenas do meu personagem. Essa última é a cena chave do filme. Paulo mostra o que compreendeu de Jesus. Que sua palavra deveria ser divulgada a quem quer que fosse. Era mais aberto. Tiago achava que não. Para ele, a palavra, sem ser acompanhada de uma ação condizente, não tinha valor. Foi uma cena muito densa, repleta de emoção e conteúdo. Tiago Lacerda esteve estupendo e lutamos, palavra por palavra, ponto por ponto, esse bom combate sobre o destino dos cristãos, travado por esses apóstolos, nossos ancestrais.

As colocações de Tiago sobre comunidade, religião, saúde são muito interessantes. Está no texto apócrifo. Parte escapou como cultura oral. E a Igreja destruiu muito, como fez com a História dos Maias e dos Astecas. Por isso, ficamos com as idéias de alguns bons padres, como D. Hélder Câmara e Francisco de Assis, e não da Igreja em si.

Nas filmagens, Padre Marcelo acompanha tudo e dá pitaco. Está certo. O filme é dele.

Feito para cristão. *Irmãos de fé* é contra a intolerância. É um filme a favor do homem. Então, fiz. Como não fazer um filme contra o ódio e a ignorância?

Capítulo XXXVIII

O Assalto

Em 2003, houve a história do assalto que sofri em casa. Falei para pouca gente e tive a solidariedade de muitos. Quem soube, me ajudou. Depois de *Maria, Mãe do Filho de Deus,* fui assaltado por uma pessoa que já conhecia. Conheci ainda criança. Era figurante da novela *Mandacaru.* Como os figurantes eram fixos, a gente ficava muito tempo gravando e acabava gerando uma amizade. Um dia, acabou a novela, esse menino tinha 12 anos e disse que queria fazer teatro. A mãe pediu para eu ajudar a arranjar uma escola para ele. A gente manteve contato depois da novela. Ele me ligava vez por outra. Foi crescendo.

Aos 19 anos, retomamos o contato. Não houve amizade maior, mas não houve inimizade. Apareceu já grande na minha casa, disse que estava tentando fazer teatro outra vez. Na verdade, não estava.

Essa lei de menor é uma estupidez. Para mim, a partir de 13 anos todo mundo sabe o que faz, como diz a natureza. Desconheço essa lei. É coisa de quem não conhece a vida. Não vai mudar, porque quem pensa o País não quer mudar essa máquina que dá tanto dinheiro. Apareceu mais duas vezes lá. Não tinha motivo para não recebê-lo. Vez por outra me ligava, sempre com o papo de fazer teatro. Acho que já tinha se viciado. Depois que vicia, não tem jeito. Foi uma traição danada. O aspecto diabólico, para eu deixar de ser burro.

Como era conhecido, passou pela portaria do prédio com dois comparsas. Ele morava numa favela, sabia que a polícia não entra lá, nessa sociedade que criamos. O cara sabe que pode fazer o que quiser até os 18 anos. A natureza marca a maturidade a partir da primeira menstruação. Os índios, por exemplo, fazem um rito de passagem nessa época. Surge o senso de responsabilidade. A natureza não deixaria que uma mulher procriasse sem que ela tivesse consciência.

Se querem delegar para o pai e a mãe, que eles sejam mesmo responsáveis, apesar de eles trabalharem dez horas por dia para fazer a fortuna dos capitalistas. Quatorze anos seria boa idade para responder pelo que faz. Se o cara já pode fazer um filho, pode ser responsável pelo que faz na vida. Sem conversa é isso, é só olhar a maldita vida. É só ver no *Discovery Channel*, no *National Geographic Channel,* como a natureza age. Mas ainda prevalece a cretinice, a burrice. Temos os maiores juristas do mundo e não enxergamos isso. Não temos moral para cobrar muito, porque não temos saúde, educação, qualidade social. O povo pobre está aí, se virando nas ruas, ora como camelô, ora com biscates. Mas, ao lado desses trabalhadores, aparecem os bandidos que querem se dar bem sem o menor esforço, mais ainda quando estão envolvidos com drogas.

É resultado de um Brasil de cem anos de processos ruins, em que as pessoas foram largadas, deixadas de lado. É a cultura hoje de uma classe que só pensa em se guardar. Com vidro blindado.

Com cadeado. Que vida é essa? É a cultura da malandragem. Por isso, acho que as drogas deveriam ser liberadas e tributadas. Se é para proibir, que se proíba de verdade. Não vou usar, porque faz mal à saúde e não quero dar arma para traficante. Falei um pouco dessa realidade para que entendam o que passei.

Então, esses três rapazes entraram na minha casa e levaram tudo. Colocaram arma na minha cabeça, me amarraram e um deles queria me matar de qualquer jeito. O outro que não deixou. Não ficou nada. Videocassete, DVD, celular foi tudo embora. Sabe por que eles fizeram isso? Porque sabem que ninguém entra na favela. Esses malandros usam a proteção do tráfico para fazer esse tipo de ação. Não acionei a polícia, porque eles me ameaçaram. Sabem onde estou. Eu não sei onde eles estão. Eles podem me matar mesmo. Foi horrível. Serviu de lição. Para eu deixar de ser burro. Isso se passou em agosto de 2003. Tinha feito aniversário dia 1º. Dia 6, fui assaltado.

Descobri, nesse dia, que era um solidário burro. Sempre abri as portas a todos. Sempre fui do tipo *vamos fazer, vamos crescer*. Há também muitos bandidos na classe média. Favela virou trincheira de crime, apesar de ter muita gente trabalhadora lá. Não tem mais relação porque quem manda lá é o agrupamento armado. Por que não acabam com as drogas? Porque, se acabarem, os vendedores de armas não teriam onde vender suas armas. Quem compra armas automáticas leves no mundo são as favelas da América Latina, Ásia e África. Se liberar as drogas, onde eles vão vender arma? A gente devia pensar mais nisso. Nossas leis são do século XIX.

Nesse episódio, o diabo apareceu em minha vida para eu mudar. Então eu já estava ferrado. Minha irmã já tinha me mandado dinheiro para eu me virar porque o sistema televisivo não me queria, à exceção de Jayme Monjardim que acaba de me chamar para a novela *América*. Eu devia a minha irmã, não tinha dinheiro e os caras levaram o pouco que tinha no banco. Eles limparam minha conta. Foi difícil, mas sobrevivi. Ficou por isso mesmo. Era necessário ter acontecido. Pode acontecer de novo. Por que não? O Brasil continua socialmente inadimplente.

Qual foi o benefício que a Lei Seca levou para os Estados Unidos? Nenhum. Apenas levou a Máfia à nação americana. O mesmo ocorre com as drogas. Esses mafiosos continuam no poder nos Estados Unidos e estão destruindo o mundo. Se quisessem, era só liberar e tributar. Algo como só pode usar ali e acolá, como qualquer cigarro. Era só dizer que a sociedade não iria gastar um tostão com doenças do vício. Se você se viciar, terá de se virar. Isto é um conceito de um país livre. Por que eu tenho que pagar pelo cara que está na cadeia? Quem manda nos presídios são as composições do crime. A gente precisa de uma sociedade justa, onde dificilmente as pessoas serão presas, como na Noruega. A classe média não enxerga isso. Prefere pagar por tudo.

Por isso, acho que a televisão deveria mostrar todos os dias, no horário nobre, documentários que discutissem nossa realidade, como *Notícias de uma Guerra Particular* (de João Moreira Salles) e *O País de São Saruê* (de Vladimir Carvalho), e tantos outros.

Ou seja, a vida é maravilhosa, mas os sistemas são ruins. Precisamos de qualidade social, cultura, liberdade e justiça. Por exemplo, se o cara matou um pai de família, ele deveria ter obrigação de sustentar a família de quem ele matou. Seria trazer um pouco do Código de Hamurabi para os nossos dias. Se ele não cumprisse com essa pena, que fosse jogado numa ilha deserta, onde ele teria de se virar sozinho. O Estado não deveria gastar nada com o crime.

Se eu quisesse aparecer, teria ido para a televisão dizer que tinha sido assaltado. Não adiantava dizer à polícia, porque eles não sobem na favela. E tenho certeza que as repórteres de televisão não iam dizer muito, além de perguntar coisas como *era gostoso, o ladrão?* Quando tem crime, faz-se uma festa, passeata e só. Fica naquilo. Se fosse para valer, um milhão de pessoas se juntavam e acabavam com essa brincadeira. Infelizmente, não é. Me diga o que houve com Geisa, que morreu no Ônibus 174? Onde ela está na memória do povo? É só festa. Ninguém lembra mais. Isto me incomoda demais. Não passa destes atos. O que importa é que estou vivo e estou aqui. E muitas coisas boas estão acontecendo.

Nessa hora, vi a solidariedade de muitos amigos do Rio. Uma astróloga, Cristina Tolentino, conheço desde os tempos da Manchete, gente boa pra caramba, foi muito prestativa. No outro dia, ela comprou um telefone para mim. Eliane Caffé, mesmo não tendo ganhado muito dinheiro com os filmes, soube em São Paulo e mandou uma graninha para mim. Vânia Catani, a produtora de *Narradores de Javé,* falou para outras pessoas, que acabaram me ajudando. Entre elas, Rodrigo Santoro, Selton Mello, Sérgio Rezende, Sérgio Machado e Marcos Palmeira. Fiquei muito contente, porque essas pessoas estiveram muito presentes. Fico contente, porque sei que são amigos. Muitos tiraram do pouco que tinham.

Todos batalham pela vida como eu. Foi uma demonstração de respeito, amizade e solidariedade. Não adiantava ir para televisão, rua, etc. Aí, eu seria o homem que virou Ibope, e nada mais.

O que as pessoas me mandaram deu para eu me virar. Em seguida, fiz uma participação no *Olga,* de Jayme Monjardim. É só uma pequena participação. Era um amigo comunista de Prestes. Quando ele é preso, meu personagem está na casa. Aí, eu tive a participação de Andréa Francez, uma pessoa que amo na vida, que é minha advogada e, principalmente, minha amiga. Ela procurou a turma do Jayme Monjardim e contou o que houve comigo. Sempre esteve do meu lado. Ela tem muitos contatos. Conhece um monte de gente. Falou com uma das assistentes de Jayme em *Olga* e ele prontamente conseguiu aquela participação afetiva. Não tinha papel para mim àquela altura, porque eles já estavam filmando, mas arranjaram as cenas para eu receber uma graninha.

São esses homens e mulheres que estão sempre perto na nossa vida. Foi difícil até o início de 2004.

Em janeiro, começou o lançamento de *Narradores de Javé.* Várias viagens e fui me virando aos poucos. Eles me levavam sempre nos lançamentos, me valorizavam. Vânia é muito boa produtora. De abril a junho de 2004, trabalhei muito, praticamente ganhei esse ano. Tomara que o ritmo não pare. Em maio, revi João Batista de Andrade, 24 anos depois de ele ter me dado destaque no cinema com *O Homem Que Virou Suco.* Foi o cara que acreditou em mim desde o início. João Batista me transformou em um protagonista. Lili mexeu comigo na questão da descoberta, da criatividade. O Walter me mostrou o lado da pesquisa, da perfeição e me deu prestígio até fora do Brasil.

E, agora, de repente encontro João Batista de Novo em *Veias e Vinhos.* É um novo ciclo. Em *Veias e Vinhos,* que Batista iria filmar em Goiás e acabou filmando em São Paulo, faço um mendigo. É uma participação pequena, mas muito legal. A história é ambientada no período que antecede a ditadura. Se passa no período entre a queda de Jango e o começo do regime militar. Sempre existiu essa pancadaria. Acompanhamos esse movimento da derrubada. O Brasil crescendo, Jango, o olhar de fora, dos americanos, o equívoco de Jânio Quadros que fez com que o ovo da serpente começasse a germinar. O País pagou um preço terrível com a repressão, a tortura. Isto é visto em *Veias e Vinhos* no seio de uma família brasileira em um bairro de Goiânia, onde, imaginamos, esse movimento não deveria existir, mas ocorre e ganha corpo como no restante do País. Batista adaptou a história para São Paulo, onde rodou o filme. É estrelado por Leonardo Vieira, Simone Spoladore, Antonio Petrin, Eva Wilma, Ailton Graça, Leopoldo Pacheco, entre outros.

Todos acabam envolvidos. Foi um crime que houve em Goiás e nunca foi explicado. Pareceu ser passional. Neste caso, criou-se um álibi. O filme traz todo o sonho de Juscelino.

Brasília. O crescimento. Até a chegada da ditadura. O ambiente é este. O policial quem faz é o Celso Frateschi. É um mendigo que estava ali. Ele ficava na porta da família vítima do crime. Tinha um nível interessante de ver a vida. Ficava na calçada, registrava quem entrava e saía da mercearia perto de onde ficava. O local era ponto de chegada e passagem de muitos personagens. Era lá onde se discutiam idéias do sindicato. Aí, então, João Batista faz um microcosmo do que viria a acontecer no Brasil. Faz uma espécie de Brasil em miniatura. Quando há o crime, o capitão cede às pressões dos políticos. É bárbaro. Muita gente foi presa.

Sob tortura, se confessa o crime. Até o meu personagem é torturado. E era só um mendigo que estava na porta. Como filmamos em São Paulo, ele vai parar dentro de casa, no caso a mercearia. É um personagem muito ligado à vida. Representava todos esses sem-nada do Brasil. Era sujo, mas tinha um astral ótimo. Não era chato. Tinha cabeça boa. Nem todo mundo que mora na rua é mendigo. A maioria mora na rua porque não consegue alugar ou comprar uma casa. Ser torturado é, de fato, uma experiência marcante, dolorosa. Minha vida já foi uma coisa complicada, né? Basta reler aí o meu passado. Mas nada é pior do que ficar em um pau-de-arara. É um terror. Mesmo que essa tortura seja encenada. Em *Veias e Vinhos,* todos os personagens são torturados psicologicamente.

João Batista não mostrou muito a tortura em si. Mas o meu vive a tortura, literalmente. Logo aquele personagem tão doce, que não faz mal a ninguém, tinha uma relação muito boa com os outros, tinha explicações para tudo. Era leve e delicado. O universo dele era interessante. A cena da tortura foi pesada. Saí dela morto, acabado fisicamente e psicologicamente. Você tem de viver aquilo. A emoção forte. Meu organismo, minha sintonia, absorve muito. Por isso, me identifico mais com a comédia. É mais leve. Não tem como vibrar positivo num pau-de-arara. Trago essa sobrecarga para mim. É como se ficasse neste período com essa energia. Em *Veias e Vinhos,* a exemplo do que ocorreu em *Abril Despedaça-*

do, saí totalmente quebrado das filmagens. Mas, nos dois casos, claro, saí enriquecido pela força, pela mensagem e beleza dos filmes.

O legal é que João Batista voltou a filmar como nos tempos de *O Homem Que Virou Suco.* Usou muito a câmera na mão, a linguagem mais rápida, o tom documental, que ele faz muito bem. Foi muito bacana ainda ver Hugo Kovensky fotografando. João Batista tem uma coisa muito legal. Ele sabe o que quer. Tem o conceito. Fala para o diretor de fotografia: *"Quero isso, aquilo, e pronto. Vou dizer isso com essa cena".* É um cineasta decidido, o que facilita muito a vida do ator. Tenho certeza que *Veias e Vinhos* será um filme muito interessante.

De lá, fui para o interior da Bahia fazer o filme de Sérgio Machado. Peguei outra pauleira. Chama-se *Cidade Baixa.* É estrelado por Lázaro Ramos e Wagner Machado. Fiz só duas cenas. A história trata da periferia. É um filme sobre deserdados. Faz sentido.

Fala de pessoas que estão à margem. Elas vivem essa marginália em Salvador, embora não sejam marginais propriamente ditos. Fiz uma cena numa aposta numa briga de galo, que acaba numa briga danada. Fomos filmar em uma rinha em Feira de Santana. A cena é um exemplo desses grandes confrontos que vêm do nada. Vêm porque um diz uma brincadeira com outro que não gosta. A gente sabe que muitos dos crimes ocorrem às vezes numa brincadeira, num jogo, numa aposta. Foi outra passagem rápida, mas marcante.

Feito isso, fui para Brasília fazer o curta de Bruno Torres, que se chama *O Último Raio de Sol.* Bruno queria porque queria que eu fizesse o filme. O engraçado é que o pai dele, Geraldo Moraes, sempre quis trabalhar comigo e nunca deu certo. Eu sempre estava filmando quando Geraldo chamava. Faltava agenda. Aí, o filho tomou a frente e me chamou. Mas já está certo que farei *Herdeiros do Paraíso,* o próximo filme de Geraldo Moraes, que apelidei de *O Pistoleiro do Jalapão.*

Mas, voltando ao filme de Bruno, foi muito legal ter filmado com aquele garoto. Ele tem talento. Vi que estava entre pessoas que gostavam de mim. Bruno, apesar de ser novo, sabia o que queria. Ele não fez um plano que não quisesse. É um filme sobre essa juventude que seja da classe A, B ou C, que, no fundo, é uma mesma juventude. Uma tem cartão de crédito, outra, não. Mas os valores são os mesmos. A violência tomou conta desse povo e ainda aumentou a falta de educação. Os pais que não educam. A lei do menor incentiva a impunidade.

O filme fala dessa juventude que quase não vê os pais. Na classe média, os pais trabalham dia e noite e não ficam mais com a prole. No curta, a gente vê os filhos de *Matrix.* Eles acham que a morte é uma diversão, como no *videogame*. É um prazer. Então, eles vão para rua brincar de ameaçar os outros com um revólver, até que encontram o meu personagem, um bandido profissional.

Tem família no Brasil que o cara pode aprontar, porque não vai acontecer nada. A lógica não deveria ser essa. Eles deveriam pagar pelo que fazem. A cultura mundial hoje é toda bélica. A preparação visual que ele tem é o cinema de ação e da luta livre. Não é preconceito. É o que há hoje. Em Brasília, isto é reforçado com a idéia da impunidade. O filho do político, o filho do juiz, como aconteceu no caso do índio Galdino. O valor dessa juventude é isso. É usar um cachorro violento, o *pitbull,* como crachá e conselheiro do dia-a-dia. Se eles soubessem que o vira-lata é muito mais forte, que não adoece, não tem problema, ainda é mais inteligente e come qualquer coisa, seriam menos burros. Mas, para eles, têm de ser o de raça. É assim que se implanta o nazismo. Dessa forma, você fica contra o mundo. É o meu quarteirão, a minha sala, o meu condomínio. São abelhas, colméias, foge do padrão humano. E o crime vai se estendendo, se esticando como se fosse uma venenosa cobra de náilon. O filme de Bruno tem tudo disso. Se passar essa mensagem, está perfeito. Ele se inspirou em fatos de Brasília.

Na exibição no Festival de Brasília, o que me chamou a atenção é que o público aplaudia quando um dos *playboys* morre. O cara morre e as pessoas aplaudiam.

Palmas depois que alguém morre é feio, mas é o sentimento da população. O público aplaude porque não gosta do personagem, do filhinho de papai que sai por aí, como se não houvesse justiça. É um desabafo a partir de um filme contra a violência. O filme fala de uma bandidagem sem fim. Aquele carro que foi roubado certamente vai para a Colômbia e voltará como pó e como arma para o Brasil. Acho que Bruno fez um pedaço de um longa. A sessão foi maravilhosa. As pessoas aplaudiam em cena aberta o tempo todo. A crítica chiou, sob o argumento de que não deve se combater a violência com violência. E não devemos mesmo. O cidadão comum se identifica com o filme, que representa infelizmente o juiz. Não com os personagens. Ganhei o prêmio de melhor ator no Festival de Brasília. Meu primeiro prêmio com um curta.

Antes fiz outro curtinha chamado *Flores da Estrada*. Aliás, o meu primeiro curta foi de Sérgio Santos. Chamava-se *Paralelas.* Era algo como *O Encurralado,* de Steven Spielberg. Uma brincadeira com a paranóia do trânsito. A neurose. Parecido com o que vemos hoje. Esse *Flores da Estrada* também é sobre neurose no trânsito. Passou no Festival de São Paulo de curtas e no do Rio. É um curta bem feito, bem arrumadinho, sobre o suspense da estrada, dirigido por Marcos Gonzalez. Tem muito de Hitchcock. Não tive muito contato com o filme depois. O filme de Bruno também me deu contato com André

Moraes, brilhante músico já consagrado com parcerias até com o mestre Caetano Veloso, Gustavo Falcão, um talento, ótimo ator com que eu tinha trabalhado em *Árido Movie,* que fiz no ano passado, a revelação juvenil, o ator brasiliense Carlos Henrique.

Árido Movie é um filme cujo mote é a água, falando da realidade do Nordeste, com um gráfico de imagem muito bonito. Lírio Ferreira, o diretor, é um esteta. Lírio tinha feito *O Baile Perfumado,* com Paulo Caldas. Ele traz esse Nordeste de hoje, sertanejo, do Recife, com todas as ampliações das bases que caracterizaram o Nordeste: a cultura, o coronelismo, representado pelo matriarcado, a família, o dono da terra, a droga, os campos de produção. Não é só mais algodão que plantam. A água como um fator de desequilíbrio. Para mim, não tem que se lutar por terra. Tem que batalhar é por água. Todas as fontes de água têm de ser públicas. Aí, você revoluciona toda a civilização, toda a maneira de pensar. Toda casa tem que ter uma área de sobrevivência. Todo homem tem que viver com plantas e animais do lado.

Não aceito apartamento de casa, a não ser que sejam espaços coletivos, como em Brasília, onde há essa área verde imensa para todos. Como fio condutor, a história de *Árido Movie* é de um rapaz que volta de São Paulo para o Nordeste porque o pai tinha sido assassinado por um índio que era meu amigo na história. Guilherme Weber encarna o protagonista. Faço um índio aculturado. O meu personagem e esse índio são dos últimos remanescentes desses indígenas que viviam ali, naquela fazenda. Foi rodado no Vale do Catimbau, em Pernambuco. Um lugar esplendoroso. Esse agrupamento acaba encontrando a personagem de Giulia Gam, que faz uma pesquisadora. É o Brasil que se encontra ali. O Brasil que se desloca ali. Cada locação linda de morrer. Murilo Salles faz a fotografia. É outro grande barato, porque ele começou a carreira como diretor de fotografia. Tem ainda Aramis Trindade, Selton Mello e Mariana Lima, todos brilhantes.

O roteiro é tão interessante que todo mundo queria fazer. Faço o índio chamado Zé Elétrico. Um personagem muito bacana.

Na verdade, ele tem uma oficina. Tem essa sabedoria que o índio tem. Não chegava a ser um xamã. Sabia negociar, viver, orientava, fazia com que tudo acontecesse. Isto se verá, como grande influência na cabeça do protagonista, na medida que a trama se desenrola, que a família bota ele para vingar a morte do pai. Ele gostava muito de Raul Seixas. Aproxima-se do universo da contracultura. Gostava de Raul porque ele dava a ele esse lado de questionador, dizia muito. Tudo em linguagem juvenil. Tinha os valores de Raul Seixas. Ele adorava a idéia da sociedade alternativa. Quando era branco, estava mais para Raul. Nos momentos internos, de reflexão, de estar com o outro, era índio. Essa mistura era muito interessante.

Foi um papel muito bonito. Pude trabalhar o índio. Eles não podem ser rebaixados, como energia. Trabalhei muito para fazer esse índio internamente, porque eles são mais integrados com a natureza, mais evoluídos do que nós – portanto, têm a sabedoria. Mudei todo o meu padrão para interpretar.

Então, trabalhei o meu índio interior. Esse pedaço de índio que tem dentro de mim. Tomei até chá de jurema, feito por Seu Joca, um grande médium paraibano. Numa das belas cenas do filme, o índio abre as portas da percepção do personagem de Guilherme Weber com o chá.

Mal acabou o filme de Bruno Torres, fui para um *set* que me deu muito prazer. Foi de *Dois Filhos de Francisco,* de Breno Silveira. Conta a história de Zezé di Camargo e Luciano. É a vida deles, o pai, a mãe, os irmãos e a luta da família para que eles se tornassem cantores. Nunca vi uma história de tanto valor. Gosto de histórias de pessoas que lutam pela vida. A deles é impressionante.

Seu Francisco é um herói de carne e osso. Em um determinado momento, quando Luciano ainda era novinho, Zezé e Emival cantavam na Rodoviária. Aí aparece um cidadão na vida deles que se oferece para atuar como agente. É o papel que faço. O de Miranda. Representa as pessoas que foram pequenos agentes deles. Tão ferrados quanto eles àquela época.

Faço dez cenas. Convenço o pai e a mãe a levar os meninos numa turnê pelo interior do Brasil. Pai e mãe tinham o maior cuidado pelos filhos. Como empresário, Miranda não era um santo nem um demônio e um pouco dos dois. Passou meses fora com eles, sem dar notícia. O pai foi bater no Maranhão atrás dos filhos. A mãe ficou desesperada. Imagina o desespero. Esse tempo todo sem dar notícias. Quando eles voltam, os meninos estão com roupa nova e Miranda com um carrão. Tinha saído numa Kombi velha. É o pequeno sorriso com suas malandragens, atitudes, honestidades e desonestidades. Também batalhava pela vida. É um personagem que tem um tom menos realista, mais caricatural. Parte do pequeno *show business.*

Depois desse episódio, o pai sai com os meninos, continua batalhando, depois não consegue nada e o meu personagem volta. Sai numa viagem que é quando acontece a tragédia em que ele perde o irmão. Aí, Miranda sai da história. Seu Francisco é um exemplo. Tem uma passagem muito interessante em que ele coloca professores para dar aula aos meninos no próprio sítio. Era danado. Batalhando muito, o que ficou nos filhos, que mantiveram a humildade daquele período. Eles têm hoje dinheiro para jogar no lixo, mas não deixam de ser pessoas bastante humildes. São as pessoas que eram. Os dois meninos são feitos por Dablio Moreira e Marcos Henrique, duas pequenas divindades, descobertos por Breno Silveira, que nunca fizeram teatro, mas foram muito bem preparados para o filme. É uma história apaixonante. Lembra o *Cinema Paradiso* (de Giuseppe Tornatore), o filme. Essa foi a impressão que eu tive das filmagens.

É o primeiro filme de Breno Silveira, que tinha feito fotografia de *Eu Tu Eles* (de Andrucha Waddington) e *Carlota Joaquina* (de Carla Camurati), entre outros. Breno é talentoso e sensível ao extremo. Tem bom gosto, força e foi à luta com uma qualidade incrível. O filme é muito bonito e o *set* foi muito legal. Fui muito bem tratado. Tive ótima relação com o elenco e Pirenópolis, onde foi filmado, uma cidadezinha muito bonita no interior de Goiás. Dablio e

Marcos também cantam divinamente. Feliz da terra que dá talentos como esses dois meninos. Eles farão sucesso até fora do sistema solar. A história é para cima. Fala de heróis de carne e osso, gente que se deu bem na vida e espero que o filme seja vitorioso.

O trabalho de Ângelo Antonio e da Dira Paes, que fazem os pais, é fantástico. Interpretar pessoas que ainda estão vivas não é fácil. E os pais de Zezé foram lá alguns dias, Seu Francisco e Dona Helena. Dira é uma baita atriz, uma diva das novas gerações. É uma bicha boa danada, que se transformou na mulher do interior, em Dona Helena, irreconhecível, se pensarmos na Dira que vemos na televisão. Tem uma personalidade muito forte. Vai desaparecendo, o corpo vai mudando, sem virar caricatura, sem perder a dignidade. Francisco, aquele homem forte, é interpretado por Ângelo Antônio, que costumo chamar de Krishna Caboclo. Emanuel, que é o empresário deles, faz tudo muito cuidado, muito pensado. Luciano gosta muito de literatura, de ler Dostoievsky. Zezé é o centro gravitacional da família, tem luz própria, a cabeça e o coração cheios de CDs românticos. Mas também gostam de *Crime e Castigo,* além de serem muito interessados na cultura brasileira. Têm projetos interessantes de acionar um mecanismo para criar cinemas ambulantes que passem filmes nacionais pelo interior do País. Em Goiânia, por exemplo, eles levaram a Livraria Saraiva para lá. Comecei a ter respeito pelos camaradas por essas atitudes. Breno queria muito que eu fizesse e bancou minha ida.

Tudo foi muito agradável. Ver as Cavalhadas de Pirenópolis. Aquela compreensão da festa, uma criança que passa mascarada em cima do cavalo nunca vai esquecer de Pirenópolis nem do Brasil. Jackson Antunes, amigão, teve uma participação. Peguei o miolo do filme, mas foi muito bom. Zezé e Luciano também participam. É um filme que promete. Fala de heróis como Seu Francisco. Existem no mundo três Franciscos absolutamente admiráveis: o de Assis, o Buarque de Hollanda e de Camargo. Hoje, a juventude carece desses valores. O ser humano não precisa trabalhar mais de seis horas por dia. Como se trabalha muito mais que isso, criou-se uma geração criada em creche. Deu no que deu. O filme realmente é muito bonito e, acredito, terá uma bela fotografia.

Por último, Jayme Monjardim, um dos maiores diretores da televisão brasileira, me chamou para fazer a novela *América,* que a TV Globo está exibindo. É uma novela contemporânea. Tem de tudo que acontece hoje. A base é o mundo de hoje com a personagem que é feito pela ótima Deborah Secco, que tenta entrar nos Estados Unidos de qualquer jeito. Tem essas idas e vindas.

O outro protagonista da novela é o excelente e internacional Murilo Benício. É esse Brasil que se agrega. Que migra. Mas é uma migração globalizada. É o mundo que migra. A novela tem um elenco estupendo, com gabarito para contar uma história de conteúdo. Faço um dos personagens do núcleo de peões. É o Bóia, do núcleo dos salva-vidas dos rodeios. O texto é de Glória Perez. Tinha trabalhado com ela em *Carmem.* Ela sabe armar a trama muito bem. É uma das maiores escritoras de novela da história da televisão brasileira. Diria que a história reúne milhões de corações e, claro, milhões de sonhos, em uma grande arena de emoções e sentimentos.

Minha vida no cinema teve aspectos positivos e negativos, lógico. Valeu a pena, claro, valeu. Tive momentos difíceis, mas a somatória de resultados compensou. Foi assim que foi minha vida. Estes obstáculos me permitiram crescer. Se eu conto minha vida hoje, como contei a vocês nestas páginas, alguém lembraria da piada do cidadão que contou sua trajetória ao carroceiro e até o jumento chorou. Por outro lado, não teria essa trajetória de vida, esse crescimento interior, se não tivesse passado pelo que passei. Isto me permitiu participar desta realidade e descobrir muito a meu respeito. Me permitiu viajar para dentro e para fora. Aí vem a história da fantasia que me permitiu fazer o que eu sei: representar. Sonhei ir para a Marinha, para conhecer o mundo, melhorar minha vida, não fui de navio, fui de película, que foi muito melhor. Em breve, vou em digital. Em sinais. Via satélite.

Não deu dinheiro. Ora, sem problemas. Tive falta de espaço para trabalhar? Tive. Mas o cinema, com todas as dificuldades, me garantiu o dia-a-dia e essa viagem que fiz pelo mundo.

Estive na Alemanha com *Kenoma,* em Tübbigen. Tem uma universidade famosa. Também passaram por lá Karl Marx e Engels. Bebi no mesmo bar em que eles bebiam, onde reza a lenda que parte de *O Capital* foi formatado. Passei por Frankfurt, pela Floresta Negra e por rios em que Marx e Engels vomitaram de seus porres. Estive em Biarritz, França, e Veneza com *Kenoma.* De Biarritz fomos a San Sebastián, na Espanha. Fui para Roterdã com Narradores. Em Stuttgart, nos levaram para um bar que tinha sido a casa de Goethe. Eles preservaram coisas que ele escreveu na parede. Está lá.

Fui ainda à Chapada dos Veadeiros, em Goiás, e a outros mundos, igualmente belos. Deixei minhas impressões digitais na energia sensual do Universo, criadora da vida, e já faz muito tempo que meu espírito navegador e andarilho vagueia por aí. Quando os atlantes estavam se acabando, eu estava nascendo. Talvez, por isso, ainda tenha a pele avermelhada. Enfim, o cinema valeu a pena, por ter me permitido expressar a minha alma e a alma do povo brasileiro.

Cronologia

TV

Novelas

- *América* (2005)
- *Terra Nostra* (1999)
- *Mandacaru* (1995)
- *Tocaia Grande* (1995)
- *Guerra sem Fim* (1993)
- *Amazônia* (1991)
- *A História de Ana Raio e Zé Trovão* (1990)
- *Pantanal* (1990)
- *Olho por Olho* (1987)
- *Carmem* (1987)
- *Corpo a Corpo* (1984)
- *De Quina pra Lua* (1984)

Especiais, séries e minisséries

- *A Casa de Sete Mulheres* (2003)
- *Grande Sertão: Veredas* (1985)
- *Padre Cícero* (1985)
- *Bandidos da Falange* (1983)
- *Lampião e Maria Bonita* (1982)
- *Morte e Vida Severina* (1981)

Teatro

- *Canudos* (1986)

de B. de Paiva e Ricardo Guilherme

- *Fábrica de Chocolate* (1986)

de Ruy Guerra e Mário Prata

- *O Morro de Ouro* (1977)

de Haroldo Serra e Eduardo Campos

Cinema

Longas-metragens

2004

- *Árido Movie*, de Lírio Ferreira
- *Dois Filhos de Seu Francisco – A História de Zezé di Camargo & Luciano*, de Breno Silveira
- *Irmãos de Fé*, de Moacyr Goés
- *Olga*, de Jayme Monjardim
- *Veias e Vinhos*, de João Batista de Andrade

2003

- *Maria, Mãe do Filho de Deus*, de Moacyr Goés
- *As Tranças de Maria*,de Pedro Rovái
- *Narradores de Javé*,de Eliane Caffé
- *Abril Despedaçado*, de Walter Salles

1998

- *Milagre em Juazeiro* (1998), de Wolney Oliveira
- *Kenoma*, de Eliane Caffé
- *O Primeiro Dia*, de Walter Salles e Daniela Thomas
- *Policarpo Quaresma – Herói do Brasil*, de Paulo Thiago

1991

• *Brincando nos Campos do Senhor*, de Hector Babenco

1989

• *Minas-Texas*, de Carlos Alberto Prates Correia

1987

• *Os Trapalhões no Auto da Compadecida*, de Roberto Farias

1986

• *Tigipió – Uma Questão de Amor e Honra*, de Pedro Jorge de Castro

• *Vento Sul*, de José Frazão

1985

• *A Hora da Estrela*, de Suzana Amaral

• *Avaeté – Semente da Vingança*, de Zelito Viana

1984

• *O Baiano Fantasma*, de Denoy Oliveira

• *Memórias do Cárcere*, de Nelson Pereira dos Santos

• *Os Trapalhões e o Mágico de Oróz*, de Victor Lustosa e Dedé Santana

• *Parahyba Mulher Macho*, de Tizuka Yamasaki

1982

- *O Sonho Não Acabou*, de Sérgio Rezende

1981

- *O Homem Que Virou Suco*, de João Batista de Andrade
- *Gaijin – Os Caminhos da Liberdade*, de Tizuka Yamasaki

1980

- *Até a Última Gota*, de Sérgio Rezende
- *A República dos Assassinos*, Miguel Faria Jr.
- *J.S. Brown – O Último Herói*, de José Frazão

1979

- *Amor Bandido*, de Bruno Barreto
- *Coronel Delmiro Gouveia*, de Geraldo Sarno

1978

- *Se Segura, Malandro!*, de Hugo Carvana
- *Tudo Bem*, de Arnaldo Jabor

1977

- *Lúcio Flávio – Passageiro da Agonia*, de Hector Babenco
- *Morte e Vida Severina*, de Zelito Viana

Curtas-metragens e vídeos

2004

- *O Último Raio de Sol*, de Bruno Torres

2003

- *Flores da Estrada*, de Marcos Gonzalez

1987

- *Running Out of Luck*, de Julien Temple

1978

- *Paralelas*, de Sérgio Santos

Prêmios

• *Inimigo Público Número 1 – O Paraibinha,* episódio de *Plantão de Polícia*
Prêmio revelação da APCA, em 1979

• *O Homem Que Virou Suco* – Melhor ator nos festivais de Brasília, Gramado e Huelva, além do Prêmio Air France

• *O Baiano Fantasma* – Melhor ator nos festivais de Gramado, Havana e o Prêmio Governo do Estado de São Paulo

• *Noites Paraguaias* – Melhor ator no Festival do Rio de Janeiro

• *A Hora da Estrela* – Melhor ator no Festival de Brasília

• *Kenoma* – Melhor ator nos Festivais de Brasília, Santa Maria da Feira (Portugal), do SESC e Prêmio da APCA

- *Milagre em Juazeiro* – Melhor ator coadjuvante no Festival de Cinema Brasileiro de Miami

- *Narradores de Javé* – Melhor ator nos festivais do Rio de Janeiro e Recife
Prêmio pelo conjunto da obra no Festival de Cinema de Recife

- *O Último Raio de Sol* – Melhor ator de curta-metragem do Festival de Brasília

Índice

Apresentação - Hubert Alquéres 05
Introdução - Klecius Henrique 15
O Sertanejo de Nome Francês 29
Batizado com Roupa de Boneca 33
Os Repentistas, o Cordel e a Leitura 39
O Primeiro Palco 43
O Homem na Lua 55
O Menino e o Mar 61
Uma Biblioteca à Disposição 65
Serviço Militar 69
O Encanto do Sol 75
Carteiro em São Paulo 81
O Teatro 85
A Rua 91
Seu Piauí 93
O Migrante Nordestino e
Os Imigrantes Japoneses 101
O Homem Que Virou Suco 107
Morte e Vida Severina 115
O Modelo 121
O Teatro 125
Cadernos do Passado 131

Porre Emocional 137
Lampião e Maria Bonita 147
Sabedoria Nordestina 151
Os Trapalhões 155
Em Cena com Mick Jagger 159
A Hora da Estrela 161
O Assassinato 171
O Auto da Compadecida 179
Memórias do Cárcere 187
Grande Sertão: Veredas 193
A Transformação 209
A Manchete 215
Brincando nos Campos do Senhor 221
Cinema, Televisão e Teatro 231
O Artesão de Cada Quintal 241
Terra Nostra 253
Na Sala com Lula 295
O Radialista 299
O Assalto 315
Cronologia 347

Créditos das fotografias

Todas as fotos utilizadas neste volume pertencem ao acervo pessoal de José Dumont

Coleção Aplauso

Perfil

Anselmo Duarte - O Homem da Palma de Ouro
Luiz Carlos Merten

Aracy Balabanian - Nunca Fui Anjo
Tania Carvalho

Bete Mendes - O Cão e a Rosa
Rogério Menezes

Carla Camurati - Luz Natural
Carlos Alberto Mattos

Carlos Coimbra - Um Homem Raro
Luiz Carlos Merten

Carlos Reichenbach -
O Cinema Como Razão de Viver
Marcelo Lyra

Cleyde Yaconis - Dama Discreta
Vilmar Ledesma

David Cardoso - Persistência e Paixão
Alfredo Sternheim

Djalma Limongi Batista - Livre Pensador
Marcel Nadale

Etty Fraser - Virada Pra Lua
Vilmar Ledesma

Gianfrancesco Guarnieri - Um Grito Solto no Ar
Sérgio Roveri

Irene Ravache - Caçadora de Emoções
Tania Carvalho

João Batista de Andrade -
Alguma Solidão e Muitas Histórias
Maria do Rosário Caetano

John Herbert - Um Gentleman no Palco e na Vida
Neusa Barbosa

Luís Alberto de Abreu - Até a Última Sílaba
Adélia Nicolete

Niza de Castro Tank - Niza Apesar das Outras
Sara Lopes

Paulo Goulart e Nicette Bruno - Tudo Em Família
Elaine Guerrini

Paulo José - Memórias Substantivas
Tania Carvalho

Reginaldo Faria - O Solo de Um Inquieto
Wagner de Assis

Renata Fronzi - Chorar de Rir
Wagner de Assis

Renato Consorte - Contestador por Índole
Eliana Pace

Rodolfo Nanni - Um Realizador Persistente
Neusa Barbosa

Rolando Boldrin - Palco Brasil
Ieda de Abreu

Rosamaria Murtinho - Simples Magia
Tania Carvalho

Rubens de Falco - Um Internacional Ator Brasileiro
Nydia Licia

Ruth de Souza - Estrela Negra
Maria Ângela de Jesus

Sérgio Hingst - Um Ator de Cinema
Maximo Barro

Sérgio Viotti - O Cavalheiro das Artes
Nilu Lebert

Sonia Oiticica - Uma Atriz Rodrigueana?
Maria Thereza Vargas

Ugo Giorgetti - O Sonho Intacto
Rosane Pavam

Walderez de Barros - Voz e Silêncios
Rogério Menezes

Especial

Dina Sfat - Retratos de uma Guerreira
Antonio Gilberto

Gloria in Excelsior - Ascensão, Apogeu e Queda do Maior Sucesso da Televisão Brasileira
Álvaro Moya

Maria Della Costa - Seu Teatro, Sua Vida
Warde Marx

Ney Latorraca - Uma Celebração
Tania Carvalho

Sérgio Cardoso - Imagens de Sua Arte
Nydia Licia

Cinema Brasil

Bens Confiscados
Roteiro comentado pelos seus autores Carlos Reichenbach e Daniel Chaia

Cabra-Cega
Roteiro de DiMoretti, comentado por Toni Venturi e Ricardo Kauffman

O Caçador de Diamantes
Vittorio Capellaro comentado por Maximo Barro

Casa de Meninas
Inácio Araújo

O Caso dos Irmãos Naves
Luís Sérgio Person e Jean-Claude Bernardet

Como Fazer um Filme de Amor
José Roberto Torero

De Passagem
Roteiro de Cláudio Yosida e Direção de Ricardo Elias

Dois Córregos
Carlos Reichenbach

A Dona da História
Roteiro de João Falcão, João Emanuel Carneiro e Daniel Filho

Narradores de Javé
Eliane Caffé e Luís Alberto de Abreu

Teatro Brasil

Alcides Nogueira - Alma de Cetim
Tuna Dwek

Antenor Pimenta e o Circo Teatro
Danielle Pimenta

Trilogia Alcides Nogueira - ÓperaJoyce - Gertrude Stein, Alice Toklas & Pablo Picasso - Pólvora e Poesia
Alcides Nogueira

Ciência e Tecnologia

Cinema Digital
Luiz Gonzaga Assis de Luca

Os livros da coleção *Aplauso* podem
ser encontrados nas livrarias e no site
www.imprensaoficial.com.br/lojavirtual

ctp, impressão e acabamento

imprensaoficial

Rua da Mooca, 1921 São Paulo SP
Fones: 6099-9800 - 0800 123401
www.imprensaoficial.com.br